旅行社
经营管理实务

主　编　张　骏　董红艳
副主编　缪莹莹　卢凤萍　王　旭

LüXINGSHE JINGYING
GUANLI SHIWU

南京大学出版社

图书在版编目(CIP)数据

旅行社经营管理实务 / 张骏，董红艳主编. —南京：南京大学出版社，2022.11

ISBN 978 - 7 - 305 - 24144 - 4

Ⅰ. ①旅… Ⅱ. ①张… ②董… Ⅲ. ①旅行社—企业经营管理—高等职业教育—教材 Ⅳ. ①F590.654

中国版本图书馆 CIP 数据核字(2020)第 265579 号

出版发行 南京大学出版社
社　　址 南京市汉口路 22 号　　邮　　编 210093
出 版 人 金鑫荣

书　　名 旅行社经营管理实务
主　　编 张　骏　董红艳
责任编辑 刁晓静　　编辑热线 025 - 83592123

照　　排 南京开卷文化传媒有限公司
印　　刷 南京凯德印刷有限公司
开　　本 787 mm×1092 mm 1/16 印张 14 字数 380 千
版　　次 2022 年 11 月第 1 版 2022 年 11 月第 1 次印刷
ISBN 978 - 7 - 305 - 24144 - 4
定　　价 48.00 元

网　　址：http://www.njupco.com
官方微博：http://weibo.com/njupco
微信服务号：njuyuexue
销售咨询热线：(025)83594756

前　言

随着旅游业的发展，旅游社行业面临着新的机遇与挑战。新的市场需求，新的经营管理方式，新的产品设计，新的营销路径等都促进了旅行社行业的转型升级。在这一背景下，遵循行业发展趋势和职业教育规律，根据旅游业发展变化的现实状况，集旅行社行业实践经验和研究成果，笔者编撰了此教材。总体而言，本书主要具有以下特点。

第一，结构科学。本书根据目前旅行社企业功能综合、业务多样的特点，打破传统同类教材按照“计调部”、“外联部”等部门职责进行内容划分的体例，按照旅行社实际工作的开展，将教材划分为“旅行社企业建设”“旅行社产品开发”“旅行社产品营销”“旅行社产品运行”四个模块，并从使用便捷的角度，采用了分册编辑的方法。本书具体内容以旅行社产品为主线，涵盖了旅行社设立、战略管理以及旅行社产品创意、生产、组合、销售、操作、售后服务的系列过程，体现出了现代旅行社企业经营管理的综合性和职业人才培养的复合性特点。

第二，实践性强。本书改变了传统教材“章、节”的架构体例，建构了模块、项目、工作任务层层相扣的新体例。“模块”是旅行社经营管理工作的重要职业领域；“项目”是达成职业领域要求的具体工作职能；“工作任务”是职能实施的步骤和环节。三者紧密结合，期望学习者依循工作任务的要求，扎实学习，努力实践，从而完成各项目所规定的工作任务，最终培养各模块所涉及的职业领域实践能力。

第三，课程思政。本书秉持立德树人的理念，将社会主义核心价值观、四个自信、职业道德、工匠精神等课程思政元素有机融合在相关内容的表述中。通过具体任务的实施，在掌握知识，提升技能的同时，加强爱国主义教育，培养创新创业精神，弘扬劳动光荣、技能宝贵、创造伟大的时代风尚，倡导精益求精的专业和职业精神。为了更好地加强课程思政教育，本教材在每个项目后都设计有“课程思政重点”板块，对课程思政重点内容进行了深入分析，以更好达成学生情感、态度、价值观的塑造。

第四，资源丰富。本书还致力于建设“立体教材”，制作了与教材各项目主要内容相对应的微课视频，提供了关键词的语音导学，设计了在线学习版块，包括拓展学习的“知识链接”，加深理解的“案例分享”和检验学习成效的“线上练习”等内容，并以二维码形式呈现，丰富了信息化学习资源。

在本书的编撰过程中查阅、参考了大量相关资料和案例，谨向相关作者表示诚挚的敬意和感谢！旅行社行业发展日新月异，经营管理的内容纷繁复杂，书中难免有遗漏和不足之处，恳请读者提出宝贵意见！

编者

2022 年 5 月

旅 行 社 经 营 管 理 实 务

模块一

旅行社企业建设

张 骏 董红艳 主编

南京大学出版社

内容简释

旅行社行业与酒店业、交通客运业并称为“旅游业三大支柱”，在旅游业的发展中占据重要的地位。在旅行社企业建设中，企业建立及人力资源管理是旅行社经营活动开展的必然前提。同时，要想旅行社向着既定的目标发展，必须让企业在正确的经营理念的指引下，从宏观上制定经营战略，针对不同阶段的企业发展目标制定切实可行的经营计划，并树立品牌意识，在经营管理的过程中逐渐打造自身的品牌形象。本项目从任务实施的角度对旅行社企业建立、人力资源管理、品牌建设和战略管理等方面加以阐述，并就旅行社的性质、职能、发展趋势等相关知识进行分析，并在模块内容中融入法治精神，大局观念等课程思政元素。

能力目标

1. 掌握设立不同性质的旅行社的流程和法律法规的要求。
2. 能理解并灵活运用旅行社企业建立及人力资源管理的相关知识，科学合理地进行旅行社人力资源管理，为顺利展开经营活动奠定基础。
3. 能打造旅行社企业品牌，并逐步提高其市场忠诚度。
4. 能根据企业自身状况和长期发展目标制定并实施科学的企业经营战略。
5. 能够理解并践行法治精神、工匠精神，树立大局意识，全面发展理念等。

项目分解

项目一　旅行社企业建立
项目二　旅行社人力资源管理
项目三　旅行社品牌建设
项目四　旅行社战略管理

目　录

信息化资源目录

续　表

项　目	信息化资源	页　码
项目三　旅行社品牌建设	**配套微课：** 旅行社品牌建设	20
	关键词点击： 品牌设计 品牌内涵、品牌资本 品牌忠诚度 旅游品牌联想	31
	在线学习： 知识链接 案例分享 线上练习	31
项目四　旅行社战略管理	**配套微课：** 旅行社战略管理	33
	关键词点击： 战略分析、战略目标 战略管理、计划管理	46
	在线学习： 知识链接 案例分享 线上练习	46

项目一

旅行社企业建立

配套微课

依据《旅行社条例》第 2 条的规定，旅行社是指从事招徕、组织、接待旅游者等活动，为旅游者提供相关旅游服务，开展国内旅游业务、入境旅游业务或者出境旅游业务的企业法人。在旅行社建立过程中需要完成以下主要任务：

任务 1.1　旅行社建立前的准备

任务 1.2　旅行社企业注册

任务 1.3　旅行社经营场所建设

任务 1.4　旅行社部门架构

任务 1.5　旅行社分支机构开设

任务 1.1　旅行社建立前的准备

旅行社是指从事招徕、组织、接待旅游者等活动，为旅游者提供相关旅游服务，开展国内旅游业务、入境旅游业务或者出境旅游业务的企业法人。

旅行社行业为许可经营行业。经营旅行社业务，应当按照相关法律法规的要求，进行旅行社开设前的审批。根据《旅游法》第二十八条规定，设立旅行社，招徕、组织、接待旅游者，为其提供旅游服务，应当具备下列条件，取得旅游主管部门的许可，依法办理工商登记：(一) 有固定的经营场所；(二) 有必要的营业设施；(三) 有符合规定的注册资本；(四) 有必要的经营管理人员和导游；(五) 法律、行政法规规定的其他条件。

《旅行法》对旅行社设立前的相关准备工作，提出了如下要求：

资金准备：申请经营国内旅游业务和入境旅游业务的，不仅应当取得法人资格，还要求法人有相应的注册资本，并提交一定的质量保证金。根据条例，旅行社的开设需要有不少于 30 万元的注册资本。同时，旅行社需要在取得旅行社业务经营许可证之日起 3 个工作日内，在旅游行政主管部门指定的银行开设专门的质量保证金账户，或者是向作出许可的旅游行政管理部门提交依法取得的担保额度不低于相应质量保证金数额的银行担保。不同经营范围的旅行社需要准备不同数目的质量保证金：经营国内旅游业务和入境旅游业务的旅行社，应当存入质量保证金 20 万元；经营出境旅游业务的旅行社，应当增存质量保证金 120 万元。

同时，旅行社每设立一个经营国内旅游业务和入境旅游业务的分社，应当向其质量保证金账户增存 5 万元；每设立一个经营出境旅游业务的分社，应当向其质量保证金账户增存 30 万元。

经营场所：申请者拥有产权的营业用房，或者申请者租用的，租期不少于 1 年的营业用房；营业用房应当满足申请者业务经营的需要。

营业设施：2 部以上的直线固定电话；传真机、复印机；具备与旅游行政管理部门及其他旅游经营者联网条件的计算机。

任务 1.2 旅行社企业注册

《旅行社条例》《旅行社条例实施细则》规定，旅行社的企业注册需经过营业执照的领取、旅行社业务经营许可证的领取、办理税务登记三个过程。

1. 领取营业执照。申请人首先到工商行政管理机关办理设立登记手续，经登记主管机关核准登记注册，领取企业法人营业执照。

2. 领取旅行社业务经营许可证。申请经营国内旅游业务和入境旅游业务的旅行社，应当向省、自治区、直辖市旅游行政管理部门提出申请，并提交下列文件：① 设立申请书。内容包括申请设立的旅行社的中英文名称及英文缩写，设立地址，企业形式、出资人、出资额和出资方式，申请人、受理申请部门的全称、申请书名称和申请的时间；② 法定代表人履历表及身份证明；③ 企业章程；④ 经营场所的证明；⑤ 营业设施、设备的证明或者说明；⑥ 工商行政管理部门出具的企业法人营业执照。受理申请的旅游行政管理部门应当自受理申请之日起 20 个工作日内作出许可或者不予许可的决定。予以许可的，向申请人颁发旅行社业务经营许可证；不予许可的，书面通知申请人并说明理由。

3. 办理税务登记。旅行社成立后，申请人应当向当地税务部门办理开业税务登记，经税务部门审核同意，可获得税务登记证。税务登记完成后旅行社即可开始正式营业。

旅行社经营旅行社业务满两年，且未因侵害旅游者合法权益受到行政机关罚款以上处罚的，可以申请经营出境旅游业务。申请经营出境旅游业务的，应当向国务院旅游行政主管部门提出申请，同时提交两项文件：① 经营旅行社业务满两年，且连续两年未因侵害旅游者合法权益受到行政机关罚款以上处罚的承诺书；② 经工商行政管理部门变更经营范围的企业法人营业执照。受理申请的旅游行政管理部门应当自受理申请之日起 20 个工作日内做出许可或者不予许可的决定。予以许可的，向申请人换发旅行社业务经营许可证，旅行社应当持换发的旅行社业务经营许可证到工商行政管理部门办理变更登记；不予许可的，书面通知申请人并说明理由。

通过网络经营旅行社业务的属于在线旅游，应当依法取得旅行社业务经营许可证，并在其网站主页的显著位置标明其业务经营许可证信息，包括旅行社的名称、法定代表人、许可证编号、业务经营范围以及原许可的旅游行政管理部门的投诉电话。同时，发布旅游经营信息的网站，应当保证其信息真实、准确，维护消费者合法权益并有利于行政部门与社会的有效监督。

设立外商投资旅行社。根据《旅游法》《旅行社条例》的规定，我国对外商投资旅行社的设立实行国民待遇，与我国旅行社的设立条件相同。由投资者向所在地省、自治区、直辖市旅游行政管理部门提出申请，并提交与我国旅行社设立相同的证明文件。省、自治区、直辖市旅游行政管理部门应当自受理申请之日起30个工作日内审查完毕。予以许可的，颁发旅行社业务经营许可证；不予许可的，书面通知申请人并说明理由。外商投资旅行社可以经营入境旅游业务和国内旅游业务，不得经营中国内地居民出国旅游业务以及赴香港特别行政区、澳门特别行政区和台湾地区旅游的业务，但是国务院决定或者我国签署的自由贸易协定和内地与香港、澳门关于建立更紧密经贸关系的安排另有规定的除外。

任务1.3 旅行社经营场所建设

旅行社经营场所包括门店经营场所和网络经营场所，分别负责旅游业务的线下和线上经营。

一、旅行社门店经营场所的建设

（一）旅行社门店经营场所选址

门店经营场所的选址主要包括两个方面：一是指旅行社是否拥有法律规定的营业场所，二是指旅行社能否以理想的租金租到理想的营业场所。

旅行社选址不但要符合美学的理念，还必须符合四个原则：一是旅行社的经营战略，二是旅行社的市场定位，三是旅行社的业务经营要求，四是旅行社的经济性原则。

目前国际上对旅行社门市的选址研究结论主要有以下几点。

1. 国际旅游协会等建议：一是旅行社不能设置于家中，必须设在公众出入方便的商业区，并保证正常的营业时间；二是旅行社不能与其他业务部门合用办公室，必须有独立的出口；三是如果没有直接通往街道的通道，旅行社不宜设在饭店内。

2. 学者们根据实践经验，就旅行社选址问题提出如下见解：一是旅行社应该设在繁华的商业区，以便吸引过往行人；二是旅行社营业处应该设有足够的停车场地，便于公众停留；三是尽量避免选择旅行社林立的地区，以减少竞争压力；四是旅行社应该选择中等收入家庭集中的地区，且附近有较大规模的企业，以便吸引人们参加旅游；五是旅行社营业场所以低楼为好，以方便顾客。

我国专家研究后提出,旅行社门市的选址要从以下方面考虑:目标市场、方便顾客、位置醒目、旅行社门市相对集中。综合上述机构、学者的研究成果,结合我国旅行社经营现状,总体可以归结为:目标市场、交通方便、人流量大、成本相对合适。

(二)旅行社门店经营场所的装饰

1. 色彩的选择

旅行社经营场所装饰的一个重要环节就是色彩应用。不同的色彩具有不同的形象。比如,高级感——金、银、白;低级感——红、绿、紫;华丽感——橙、黄、红紫;寂寞感——灰、绿灰;快乐感——黄、橙、水色。

色彩组合的效果也不一而同。比如,温暖感——暖色和红与黄橙的配色;重量感——明亮度低的色彩组合;摩登感——灰色和最鲜艳的颜色;积极感——红与黄、黄与黑的配色;稳重感——茶色与橘色的搭配;年轻感——白与艳红的搭配;华丽感——色彩度高、色环距离较远的色彩组合;朴素感——色彩度低、色环距离较近的色彩组合;清凉感——冷色;轻量感——明亮度高的色彩组合;理智感——白与青绿的配色;开朗感——黄与亮绿的组合;平凡感——绿与橙的组合。

此外,有些色彩有突出感,仿佛很接近人,比如红色、橙色、黄色;有些颜色有后退感,仿佛离人很远,比如青色、紫色。

2. 物品的陈列

合理地陈列物品,可以起到展示产品、刺激销售、方便选择、节约空间、美化环境、增进信任等作用。根据统计,旅行社如果能够正确运用物品配置和陈列的技巧,销售额可以在原有的基础上得以提高。以下列举了一些实用的物品陈列的基本方法:

(1) 分类明确。分类陈列的方式有多种,如按价格体系陈列、按产品形态陈列、以长短线分开陈列等。这样陈列,既方便旅游咨询者选择,又便于管理,同时给人以很专业的感觉。

(2) 伸手可取。充分考虑陈列的高度,方便旅游咨询者随手可取。

(3) 陈列架要放满。陈列架上放满旅游产品,可以给旅游咨询者产品丰富的好印象,也可以提高门市空间的利用率。因为大多门市所在的地段都是寸土寸金,门市产品丰富,才能产生更大的经济效益。

(4) 相关性产品要陈列在一处。把相关性产品陈列在一起,既能方便旅游咨询者选择,又能激发旅游咨询者的购买欲望:这么多的线路,总有一条是适合我的。

(5) 专门设置疫情防控物品区域。旅行社应当配备数量充足且符合一次性使用医用口罩标准或相当防护级别的口罩、体温检测设备、洗手液、一次性手套、消毒用品等防护用品。设置专门的摆放区域,并注意正确储存和使用消毒物品,远离火源和电源,不得混用、混放,定期检查并及时补充更换。

3. 宣传品的张贴

旅行社经营场所宣传品的张贴是“不说话的广告”:鲜明的主题、精美的图片、新颖的文字、亮丽的色彩等，都吸引着潜在旅游者进门欣赏、激发潜在旅游者的旅游需求。宣传张贴应该注意以下几个方面：

(1) 符合所在城市或地区潜在旅游者的偏好；

(2) 主题突出、鲜明；

(3) 符合市场营销学原理；

(4) 符合美学原则；

(5) 符合广告学原理；

(6) 强调时令性；

(7) 与旅行社装潢设计风格协调；

(8) 注意更新。

二、旅行社网络经营场所的建设

在疫情防控的大背景下，各家旅行社纷纷通过旅游在线平台开设旅行社线上经营场所。由于线上经营场所的虚拟性，旅行社在经营过程中也存在诸多安全隐患，如支付安全、产品质量安全等，因此线上旅游经营者应当选择正规的旅游在线平台经营者开展经营活动。

根据 2020 年 10 月 1 日正式施行的《在线旅游经营服务管理暂行规定》的相关要求，在线旅游经营者应当依法建立旅游者安全保护制度，制定应急预案，结合有关政府部门发布的安全风险提示等信息进行风险监测和安全评估，及时排查安全隐患，做好旅游安全宣传与引导、风险提示与防范、应急救助与处置等工作。

在线旅游经营者应当按照《中华人民共和国网络安全法》等相关法律规定，贯彻网络安全等级保护制度，落实网络安全管理和技术措施，制定网络安全应急预案，并定期组织开展演练，确保在线旅游经营服务正常开展。

在线旅游经营者应当提供真实、准确的旅游服务信息，不得进行虚假宣传；未取得质量标准、信用等级的，不得使用相关称谓和标识。平台经营者应当以显著方式区分标记自营业务和平台内经营者开展的业务。

平台应当对上传至平台的文字、图片、音视频等信息内容加强审核，确保平台信息内容安全；应当对平台内经营者的身份、地址、联系方式、行政许可、质量标准等级、信用等级等信息进行真实性核验、登记，建立登记档案，并定期核验更新；应当督促平台内经营者对其旅游辅助服务者的相关信息进行真实性核验、登记；应当对平台内经营者服务情况、旅游合同履行情况以及投诉处理情况等产品和服务信息、交易信息依法进行记录、保存，进行动态管理。

社交网络平台、移动应用商店等信息网络提供者知道，或者应当知道他人利用其服务从事违法违规在线旅游经营服务，或者侵害旅游者合法权益的，应当采取删除、屏蔽、断开链接等必要措施。

任务 1.4 旅行社部门架构

旅行社基本部门可以分为两类,围绕旅行社业务设置的业务部门和维持企业正常运营的职能部门。

一、业务部门

根据各部门负责的主要业务的差异,旅行社的业务部门主要由以下四个部门组成:

1. 外联部:主要负责对外联络工作,包括旅游产品的设计、促销和销售等职能。外联部的主要任务是将获得的各种旅游信息资料有机地组合成旅行社产品,并将旅游产品销售给旅游中间商或旅游消费者。值得指出的是,部分旅行社已经将外联部的职责分解到其他部分,不再另设专门的外联部门。

2. 计调部:主要负责旅游接待计划的落实,保证旅游活动的正常进行,即负责与相关的旅游服务供应部门或其他旅行社签订合作协议,负责向外联部提供相关旅游服务部门的服务信息,负责旅行社客流情况的统计和各采购单位情况的统计工作。

3. 接待部:按照具体接待计划安排导游,帮助旅游者完成旅游活动。

4. 市场部:负责市场营销,招徕客源。

二、职能部门

旅行社的职能部门主要包括人事部、财务部、办公室等。旅行社可以根据本社的具体情况设置部门,增加或减少部门数量。

任务 1.5 旅行社分支机构开设

旅行社的分支机构有两种类型:旅行社分社和旅行社服务网点。分社和服务网点均不具备独立的法人资格,以设立分社、服务网点的旅行社的名义从事法律法规规定的业务经营活动,其经营活动的责任和后果,由设立社承担。这两种分支机构各自的职能和设立的条件有较大的区别。《旅行社条例》对于这两种分支机构做出了明确的界定。

一、旅行社分社的设立

工作职能:旅行社分社是指旅行社设立的不具备独立法人资格、以设立社名义开展旅游业务经营活动的分支机构。它的经营范围不得超出设立分社的旅行社的经营范围。

经营场所:申请者拥有产权的营业用房,或者申请者租用的、租期不少于 1 年的营业用房；营业用房应当满足申请者业务经营的需要。

营业设施：两部以上的直线固定电话；传真机、复印机；具备与旅游主管部门及其他旅游经营者联网条件的计算机。

资金准备：旅行社每设立一个经营境内旅游业务和入境旅游业务的分社，应当向其保证金账户增存 5 万元；每设立一个经营出境旅游业务的分社，应当向其保证金账户增存 30 万元。

设立程序：旅行社分社的设立不受地域限制。旅行社设立分社的，应当向分社所在地的工商行政管理部门办理设立登记，并自设立登记之日起 3 个工作日内向分社所在地的旅游行政管理部门备案。设立社向分社所在地工商行政管理部门办理分社设立登记后，应当持下列文件向分社所在地与工商登记同级的旅游行政管理部门备案，包括：分社的《营业执照》；分社经理的履历表和身份证明；增存质量保证金的证明文件。没有同级的旅游行政管理部门的，向上一级旅游行政管理部门备案。

地域要求：分社的设立不受地域限制。

分社的管理：设立社应当加强对分社的管理，对分社实行统一的人事、财务、招徕、接待制度规范。

其他要求：分社的名称中应当包含设立社名称、分社所在地地名和“分社”或者“分公司”字样。

二、旅行社服务网点

工作职能：服务网点是指旅行社设立的，为旅行社招徕旅游者，并以旅行社的名义与旅游者签订旅游合同的门市部等机构。旅行社服务网点应当接受旅行社的统一管理，不得从事招徕、咨询以外的活动。

设立程序：旅行社服务网点应当依法向工商行政管理部门办理设立登记手续，并向所在地的旅游行政管理部门备案。设立社向服务网点所在地工商行政管理部门办理服务网点设立登记后，应当在 3 个工作日内，持下列文件向服务网点所在地与工商登记同级的旅游行政管理部门备案，具体包括：服务网点的《营业执照》；服务网点经理的履历表和身份证明。没有同级的旅游行政管理部门的，向上一级旅游行政管理部门备案。服务网点备案后，受理备案的旅游行政管理部门应当向旅行社颁发《旅行社服务网点备案登记证明》。

地域要求：设立社可以在其所在地的省、自治区、直辖市行政区划内设立服务网点；设立社在其所在地的省、自治区、直辖市行政区划外设立分社的，可以在该分社所在地社区的市的行政区划内设立服务网点。设立社不得在以上规定的区域范围外设立服务网点。

服务网点的管理：设立社应当加强对服务网点的管理，对服务网点实行统一管理、统一财务、统一招徕和统一咨询服务规范。

其他要求：服务网点应当设在方便旅游者认识和出入的公众场所。服务网点的名称、标牌应当包括设立社名称、服务网点所在地地名等，不得含有使消费者误解为是旅行社或者分社的内容，也不得做易使消费者误解的简称。

课程思政重点

法治精神

“法治精神”是指中国特色社会主义法治精神。这种社会主义法治精神，既吸纳并体现了人类法治文明的共同规律和基本价值，又立足并体现了社会主义初级阶段中国民主法治建设的基本国情和特定价值文化。

大力弘扬社会主义法治精神，就是全面推进依法治国的治本之策。

其一，党执政兴国必须弘扬社会主义法治精神。发展是党执政兴国的第一要务。发展，既要靠改革的力量，也要靠法治的力量。全面深化改革与全面依法治国，犹如车之两轮、鸟之双翼，并驾齐驱，不可偏废。

其二，人民幸福安康必须弘扬社会主义法治精神。人民的权益要靠法治来保障。社会主义法治的出发点和落脚点，是为了人民、依靠人民、造福人民、保护人民。

其三，实现党和国家长治久安，必须弘扬社会主义法治精神。实施依法治国基本方略、建设社会主义法治国家，是党和国家长治久安的根本之策。实践证明，加快法治国家建设，既要注重法律制度建设，又要重视更深层面即精神层面的建设，使法治内化为人们的自觉意识，使依法治国基本方略的实施获得强大的精神支撑。

旅行社的设立和经营必须建立在懂法、知法、守法的基础上，在法律规定的范围内开展，无论是申请设立、确定经营范畴、设计分支机构等都必须严格遵守法律法规的要求，在后期的运营管理中也要保证工作的合法性。“尊法守法”是旅行社企业发展的前提和基础，每一位旅行社经营管理者都必须牢记于心，实践于行！

在线学习

关键词点击　　知识链接　　案例分享　　线上练习

工作评估表

标准 \ 等级	优秀	良好	及格	不及格
旅行社注册前的准备充分、合理				
旅行社注册程序符合法律法规要求				
旅行社分支机构设立合法				
旅行社部门划分科学				
旅行社选址合理				
旅行社装饰富有艺术美感				
团队精神				
工作态度				
创新能力				
总体评价				
自我总结				

拓展实践

1. 模拟成立一家旅行社，根据注册步骤，为其完成旅行社注册相关文件和资料的编写与汇总。

2. 依循一定的组织结构原则，模拟设立旅行社各部门，并明确部门职责。

项目二

旅行社人力资源管理

配套微课

人力资源管理是为实现企业的目标而选人、育人、用人和留人的过程。因此，人力资源管理的意义首先在于满足企业经营和发展的需要。同时，人力资源管理也是在为每名员工安排合适的工作，调动每个人的潜力，满足员工自我价值实现的需要。这说明人力资源管理是企业需要与个人需要的合理结合。旅行社人力资源管理是旅行社提高经营管理水平的需要，是旅行社提高市场竞争力的需要，也是旅行社员工自我价值实现的需要。

任务 2.1　旅行社员工选聘

旅行社选聘员工的基本目的是要争取以最小的代价获得能够满足旅行社需要的合格的员工。员工的选聘可以分为确定要求、吸引应聘和挑选录用三个阶段。

一、确定旅行社的用人要求

确认旅行社的用人要求是员工选聘的第一个阶段，它主要是根据岗位工作的需要，通过职务分析确定用人数量、类别和工作条件，拟定工作说明和工作规程，为下一个阶段工作做好准备。

(一) 职务分析

职务分析是对各个岗位的任务、责任、性质及工作人员的条件进行分析研究并做出明确规定。一般来说，主要包括以下内容：

1. 职务的工作内容；
2. 职务的工作职责；

3. 与旅行社内部其他工作的关系；
4. 职务的“应知”“应会”；
5. 对担任该职务人员的年龄、经验、资历、教育程度等方面的要求；
6. 工作技能的培养；
7. 见习制度；
8. 工作环境、条件。

由于职务分析是人力资源管理的基础，旅行社必须扎扎实实地把此项工作做到位，并通过职务分析形成一定的工作成果。这些成果主要包括：

1. 对担任某项职务的要求和履行职务的过程中可能遇到的特殊问题进行基本分析，形成人员选聘条件；
2. 对工作内容和职责进行详细分析，形成工作说明；
3. 对履历职务所必须具备的知识、技能等各种条件和要求进行基本分析，形成工作规范；
4. 对该职务提出培训要求，形成培训方案。

(二) 工作说明书

工作说明书是在职务分析的基础上，用以记载该职务的内容、职责、要求及其特性的文件。一般要记载以下内容：

1. 工作识别事项，如工作名称、编号、所属部门等，以此将此项工作与其他工作区别开来；
2. 工作概要，包括工作范围、目的、内容等基本事项；
3. 具体工作，包括工作的具体目的、对象、方法等；
4. 工作所需要的基本条件，包括技能、教育培训程度等；
5. 特殊事项，如对加班、工作环境、工作业务关系、晋升等事项的说明。

(三) 工作规范

工作规范明确规定特定工作的操作规程、标准和具体要求。在实践中，可以把工作说明书与工作规范合二为一，形成一个文件。

二、吸引人才前来招聘

旅行社欲挑选满意的员工，必须设法吸引人们前来应聘。为此，在选聘人才的过程中，要努力把旅行社的目标与应聘者个人的目标、旅行社的需要与应聘者个人的需要统一协调起来，兼顾双方利益。

(一) 影响旅行社对应聘者吸引力的因素

从旅行社的角度来看，能否吸引人们前来应聘，取决于多种因素。其中主要有：

1. 旅行社的目标与发展前景；

2. 旅行社的形象与声誉；
3. 旅行社的工资与福利待遇；
4. 旅行社所招聘的职位类别；
5. 旅行社可能提供的培训和提拔机会；
6. 旅行社的工作地点和工作条件。

（二）应聘者的来源

应聘者的基本来源可分为旅行社内部和外部两大类。两类来源各有利弊，应当具体情况具体分析。

外部招聘的优点：

1. 有利于减轻偏见，放手使用；
2. 有利于缓和、平息内部竞争者之间的紧张关系；
3. 有利于给旅行社带来新鲜的工作方法和经验。

外部招聘的局限性：

1. 外聘人员对旅行社内部的情况不了解，需要磨合一段时间后才能有效地开展工作；
2. 旅行社对外聘人员需要花费一定的时间才能了解，甚至可能由于理解不够深入，选错了人，给工作造成不利影响；
3. 对内部人员的积极性可能构成伤害，这是外部招聘的最大局限性。

内部招聘的优点：

1. 有利于鼓舞士气，激励员工更努力地工作，进而为自己创造更多的发展机会；
2. 有利于吸引外部人才，使外来人才感到只要干得好，就有发展机会；
3. 有利于考察应聘者，最大限度地避免选错人才；
4. 有利于被聘者迅速开展工作。

内部招聘的局限性：

1. 容易引起同事不满，在被聘者受到选拔的时候尤其如此；
2. 可能引起“近亲繁殖”，不利于创新，甚至可能把某些不良作风延续下来。

（三）影响选聘途径的因素

内部选聘和外部选聘各有利弊，所有旅行社应当从实际出发，充分考虑各种因素，选择更加有利的选聘途径。影响选聘途径的主要因素有：

1. 职务的性质和岗位。大部分基层职务或非关键岗位，可以从外部选聘，而较高层的管理人员则应多从内部选拔。

2. 旅行社的经营状况。小型的、新建的、迅速发展中的旅行社应当多从外部选聘人员；大型的、较为成熟的旅行社，人才储备也较多，应当多从内部选聘。

3. 内部人员的素质。能否从内部选聘到合格的人员，关键要看候选人的素质。如果内部人员的素质不高，不符合有关要求，就只能从外部选聘。

三、挑选录用员工

（一）挑选录用员工的方式

挑选录用员工的方式主要有两大类：

1. 履历表挑选方式。该方式通常是根据需要，要求应聘者提交自己的履历表以及工作意向、个人特长、学历、学位、工作经验和个人照片，还可以要求应聘者提交所在单位的介绍信和推荐信。旅行社以此为依据决定是否录用。

2. 直接挑选方式。该方式一般是通过笔试、面试以及医学、心理学等综合测试方式，直接对应聘者进行较为深入的考察了解，然后决定是否录用。

（二）挑选录用员工

1. 按一定规范，对所搜集到的应聘者的各种资料进行整理分析，以备挑选。

2. 将应聘者的情况和条件逐一与工作说明书、工作规范以及旅行社的要求进行对比分析，经初步筛选后，把全部应聘者分为三类：可能入选者、勉强入选者、不合格者。

3. 对可能入选者和勉强入选者再次进行审核，进一步缩小挑选范围。

4. 对通过审查的应聘者进行笔试、面试及医学、心理学的测试。

5. 依据考试检测的情况，综合考虑应聘者的其他条件，做出试用或录用的决定。

6. 将此次选聘结果书面通知所有应聘者，而不管对方是否被录用。

（三）面试

面试是挑选员工的一种重要方法。它为旅行社和应聘者提供了一次直接交流的机会，有利于加深对方的相互了解，帮助双方做出是否录用或是否应聘的决定。面试通常采用的形式有个别面试和分组面试等。

（四）各种测试

测试是选聘过程中重要的辅助手段，特别是对那些关于个人素质、兴趣、品质等方面的情况，通常需要通过测试来了解。测试主要分为两类：一类是素质测试，包括对应聘者的智力测试、性格测试和职业适应性测试等；另一类是特长测试，包括对应聘者的技能测试、职业兴趣测试等。

（五）决定录用和签订合同

在经过各种程序并得到可以录用的结论之后，旅行社要做出正式的录用决定，并将录用决定正式书面通知被聘者。在经被聘者认可接受后，双方要依法签订录用合同，颁发聘任书。

任务 2.2 旅行社员工培训

一、培训的政策、战略和计划

旅行社应当通过制定明确的培训政策，建立鼓励员工积极参与培训的机制，让员工了解培训的意义，珍惜培训机会，最大限度地调动员工参与培训的自觉性和积极性。

培训战略是旅行社对较长时间内的培训工作所作的全局性、根本性、方向性的谋划与安排。制定培训战略，有利于旅行社在一段较长的时间内排除各种不确定因素可能对培训工作造成的影响，保证培训工作有条不紊地进行。

培训计划是对培训工作的具体安排。制订培训计划要以旅行社的经营目标、发展方向、人力资源规划和培训任务等为依据。培训计划主要包括培训项目、培训目标、培训对象、培训负责人、培训内容、培训进度、培训费用预算等内容。

二、培训的内容

（一）思想素质和职业道德培训

由于旅行社员工经常是分散地、独立地、自主地开展工作，没有过硬的思想素质和较高的职业道德水准，难以胜任工作。因此，员工的思想素质和职业道德培训是旅行社培训工作的重要内容。旅行社应通过这方面的培训，使员工了解国家发展旅游业的意义、旅行社在旅游业中的作用，遵循社会主义核心价值观，了解本企业的经营目标、经营理念，帮助员工树立主人翁意识和职业自豪感、荣誉感，培养员工爱岗敬业的精神，增强员工的团队意识与合作精神，自觉维护国家利益和企业形象。

（二）知识培训

旅行社是知识密集型企业，应当通过培训使员工掌握工作所必需的广泛的知识，如地理、文化、自然、科技、历史、民俗、政治、经济、社会等。此外，还应当让员工了解本旅行社的基本经营状况，如发展战略、目标、经营方针、经营状况、规章制度等，以便员工参与企业的民主管理，增强员工的主人翁意识。

（三）技能培训

通过技能培训，使员工掌握完成本职工作所必须具备的技能，如翻译导游、公共关系、谈判沟通、演讲技巧、应付突发事件的能力等，培育工匠精神。高超的技能除了通过培训掌握外，更多的要靠平时用心积累。旅行社应当同时把技能培训当作员工技能创新的导向，当作员工之间进行工作经验交流的渠道。

三、培训的方法

（一）讲授法

属于传统的培训方式，优点是运用起来方便，便于培训者控制整个过程。缺点是单向信息传递，反馈效果差。常被用于一些理念性知识的培训。

（二）视听技术法

通过现代视听技术对员工进行培训。优点是运用视觉与听觉的感知方式，直观鲜明。它多用于旅行社概况、传授技能等培训内容，也可用于概念性知识的培训。

（三）讨论法

按照用度与操纵的复杂程序又可分成一般小组讨论与研讨会两种方式。研讨会多以专题演讲为主，优点是信息可以多向传递，与讲授法相比反馈效果较好。而小组讨论法的特点是信息交流时方式为多向传递，学员的参与性高，用度较低。多用于巩固知识，练习学员分析、解决题目的能力与人际交往的能力。

（四）案例研讨法

通过向培训对象提供相关的背景资料，让其寻找合适的解决方法。这一方式使用简便，反馈效果好，可以有效练习学员分析解决题目的能力。另外，近年的培训研究表明，案例、讨论的方式也可用于知识类的培训，且效果也很好。

（五）角色扮演法

授训者在培训教师设计的工作情况中扮演其中角色，其他学员与培训教师在学员表演后作适当的点评。由于信息传递多向化，反馈效果好、实践性强、用度低，因而多用于人际关系能力的练习。

（六）自学法

这一方式较适合于一般理念性知识的学习，由于成人学习具有偏重经验与理解的特性，让具有一定学习能力与自觉的学员自学是既经济又实用的方法，但此方法也存在监视性差的缺陷。

（七）互动小组法

此法也称敏感练习法，其主要适用于治理职员的人际关系与沟通练习。让学员在培训活动中的亲身体验来提高他们处理人际关系的能力。其优点是可明显提高人际关系与沟通的能力，但其效果在很大程度上依靠于培训教师的水平。

（八）网络培训法

这是一种新型的计算机网络信息培训方式，投入较小。这种方式信息量大，新知识、新观念传递上很明显，更适合成人学习。因此，此法特别为实力雄厚的旅行社所青睐，也是培训发展的一个必然趋势。

四、培训的原则

为了保证培训工作的有效进行，旅行社在培训工作中应当遵循培训工作的基本原则。这些原则主要包括以下几个方面：

（一）经常鼓励员工积极参加学习和培训；

（二）预先明确培训效果的衡量标准；

（三）积极指导员工的学习和培训；

（四）应当主动地而不是被动地开展学习和培训；

（五）对不同层次、不同类别的培训对象，采取不同的培训方式和方法；

（六）使参加培训者切实感到有所收获，有满足感。

五、培训的类型

培训的类型多种多样，主要有岗前培训、岗上培训、业务集训、脱产深造等。总之，作为旅行社员工，只有通过培训、学习，才能在激烈的人才竞争中占有自己的一席之地；作为企业，只有重视员工培训才能在激烈的市场竞争中求得生存与发展。

任务 2.3　旅行社员工管理

在完成旅行社员工的聘用工作和培训工作后，应当根据旅行社自身经营特点确立有效的旅行社员工管理制度。科学合理的员工管理制度不仅能够激发员工工作的积极性，还有利于保障旅行社业务经营的持久性、稳定性。目前常用的员工管理方式主要有绩效考核和员工激励机制两种。

一、绩效考核的方法

旅行社绩效考评的具体目的不同，考核的种类也各不相同。常见的对员工的考评可分为以下几种：

（一）职务考评

职务考评主要从两方面入手：一是考察员工对本职工作的熟练程度；二是考察员工的工作能力和适应性，以决定是否需要调动工作或调整职务。伴随着职务的调整，可能带来岗位职务工资的变化。

（二）奖金考评

奖金是超额劳动的报酬，奖金考评实际上是对员工工作成绩的客观考评。

（三）提薪考评

提薪考评的结果会影响员工的收入。但它与奖金考评不同。奖金考评是“回顾性”的，是根据被考评者过去的工作成绩决定报酬的多少；提薪考评则是“展望性”的，是预计被考评者今后可能发挥的作用，以决定未来相应的工资水平。由于提薪考评是预计员工今后可能对旅行社的贡献，因此在考察过去工作成绩的同时，还要对工作能力的提高程度做出评价。

（四）晋升考评

这是对晋升对象的特殊考评。由于晋升工作关系到旅行社管理者队伍的素质，关系到旅行社的发展前途，因此历来受到旅行社的重视。晋升考评是对被考评者的全面、综合的考评，主要依据平时积累的考评资料。晋升审查过程中的重点内容也是依据平时的考评资料确定的。

二、激励机制

报酬的激励作用可分为短期激励作用和长期激励作用。短期激励作用是指报酬要能够激发员工做好当前的工作，实现优良的绩效。长期激励作用是指报酬要能够体现出企业对员工价值和地位的认可，培养员工对企业的认同感、归属感、忠诚心和责任心。在市场竞争激烈的条件下，员工的忠诚心和责任心对企业的发展非常重要。

但是，建立有效的激励机制是一个非常复杂的问题，激励与报酬之间不能简单地画等号，不能认为报酬发得越多，激励作用就越大。报酬虽然重要，但不是唯一的激励手段。常见的激励手段有三个方面：工作激励、培训激励、成果激励。

工作激励主要包括：第一，委以恰当的工作，激发员工内在的工作热情；第二，激励员工适当地参与管理工作，这样能够满足员工的成就感；第三，工作丰富化，这样能够使员工较长时间地保持工作热情。

培训激励是提供培训和再教育机会以激励员工积极性的方法，是通过刺激激发受训者的学习冲动和学习欲望而采取行为的一种手段。培训激励有三层含义：第一，培训本身对员工有激励作用，让员工学有所获；第二，培训获得的知识技能转化到工作实践，使得学有所用；第三，培训转化所获得的成就和相应的奖励，即学有所成。

成果激励实际上是利用员工对成就感的追求来激发其工作的积极性，主要体现在两个方面：

（一）正确评价工作，适当给予报酬。正确评价员工的工作，并给予合理的报酬，这是激发员工积极性的一个重要因素。报酬可以分为物质激励和精神激励。物质激励主要通过工资和奖金来体现；精神激励则体现在各种形式的表扬、工作条件的改善以及地位的提升等方面。

（二）帮助员工创造成果。对于普通员工，允许他们参与相关的决策，接受他们的合理化建议并帮助他们实现这些建议，这也同样能够起到激励作用。

课程思政重点

全面发展

对于企业来说，好的员工应当具备全面发展的潜质。对于员工自身来说，在满足马斯洛需求理论中低层次需求后，会自然而然地追求更高层次的需求，即对个人发展、综合能力的追求。与此同时，这类员工也是帮助企业提升核心竞争力的重要人才。宏观来看，员工的全面发展主要体现在思想品德、职业道德和终身学习这三个方面。

思想品德作为学生时代的必修课程，是个体思想、心理和行为的结合，并一直伴随着个体的行动而存在。对于企业员工来说，应当更加重视对个人思想品德的培养。首先，企业领导应当做好表率，发挥榜样作用，其次，善于发现、培养和宣传典范，通过良好的员工典范鼓励大家提升自我；最后，企业应当积极开展思想道德教育活动，正面教育引导员工。

职业道德的内涵非常广泛，宏观上，员工应当做到以下几点：爱岗敬业，诚实守信，办事公道，服务群众，奉献社会，素质修养。同时，由于每个职业的特性不同，各行业要求的职业道德也不一样，以旅游行业为例，对员工的服务态度、个人修养、专业能力都提出了要求，从业人员应当做到对宾客热情友好、技能娴熟、诚信公道，并且坚持提供优质服务、团结协作、遵纪守法等。

“活到老，学到老”，培养员工的终身学习思维和终身学习行为，不仅有利于个人思想、专业等各方面能力的提升，还提升了企业的人才优势。旅行社员工的不断学习，可以帮助公司顺应时代的发展，密切关注市场动态，及时调整营销策略和产品方案，促进旅行社的正常运转。

在线学习

关键词点击　　知识链接　　案例分享　　线上练习

工作评估表

标准 \ 等级	优秀	良好	及格	不及格
旅行社人员选聘合理、科学				
旅行社人员培训有计划性且富有成效				
旅行社绩效考核科学				
旅行社员工激励机制健全				
团队精神				
工作态度				
创新能力				
总体评价				
自我总结				

拓展实践

请分组模拟旅行社招聘过程，并总结工作的经验和教训。

1. 以小组为单位进行模拟实训，实行小组长负责制；
2. 每个小组内进行人员分工，分别模拟旅行社招聘人员和应聘人员；
3. 需制定一份招聘计划书，模拟应聘人员需自制个人简历；
4. 每个小组需模拟一次招聘面试过程；
5. 教师点评与同学互评相结合。

项目三

旅行社品牌建设

配套微课

未来旅游业的竞争实质就是旅游品牌的竞争。本项目通过对我国旅行社现状的分析，明确我国旅行社品牌建设在品牌设计、品牌内涵、品牌忠诚度、品牌维护等方面存在的问题，进而提出注重品牌文化建设、准确进行品牌定位、加大营销力度和品牌创新等相应的对策。

任务 3.1　旅行社品牌设计

任务 3.2　品牌内涵诠释

任务 3.3　培育品牌忠诚度

任务 3.4　使用和维护品牌

任务 3.1　旅行社品牌设计

一、品牌设计

品牌设计又被称为品牌视觉识别设计，它的本质是通过视觉传达的方式让企业或产品能够被客户感知与认识。广义上来说，品牌设计是一门杂学，它涵盖面非常广泛，其中包含品牌标志设计（logo 设计）、视觉识别 VI 系统设计（VI 设计）、空间识别系统设计（BI 设计）、品牌营销传播设计（线上线下广告整合营销设计）、新媒体系统设计（各大新媒体与自媒体平台规范设计）等。

品牌名称是品牌设计的核心。消费者认识一家企业、一个产品，最简单、最直接的途径就是通过该企业或该企业产品的名称。旅行社名称的设计应具有独特性、恰当性、可记性和灵活性。旅行社在设计推向市场的宣传材料时，应该标上旅行社的名称，以便旅游者把该产品与其他旅行社的产品区别开来。

而有的旅行社在并购活动后，会及时改变宣传物料上的企业名称。例如，汤姆逊旅游集团在并购了地平线旅游公司后，还在一段时间内继续使用地平线的宣传资料，只在不太醒目的位置标注了汤姆逊旅游公司的标志。而英国航空公司并购了“速鸟”旅游公司后，将其改为“英航国际假日公司”，以便在市场上产生品牌认同，继续吸引母公司的忠实消费者。

同时，品牌名称的选择还应该符合企业发展战略的要求。如果一家旅行社有跨国经营的国际化发展战略，那么公司名称除了要朗朗上口外，还应该考虑到旅游目的地国的语言和风俗习惯；如果旅行社执行的是多元化发展战略和单一品牌战略，则公司名称最好大众化一些，这样在向旅游业以外的其他行业发展业务时，便可避免受到名称识别上的限制。

二、旅行社的标志

旅行社的标志包括简单的图画、美术图案，也可以是能够识别的文字。一个完整的旅行社标志，通常包括企业名称以及一些装饰性的图案。这些图案往往与企业名称有一定的关系，以加强消费者对品牌的记忆。

颜色在标志上的应用也非常重要，以彰显企业的独特性。中青旅的标志采用了活泼、热情的红色，而企业的中英文缩写则使用了冷色调。其冷暖搭配醒目，使得企业标志在众多以黑色、蓝色为主色调的旅行社标志中脱颖而出。

除了图案和颜色的选择外，旅行社还可使用各种不同的字体来突出品牌名称。例如，在下表中，中青旅标志的文字部分就采用了斜字体，其他几家旅行社也分别使用了各异的字体。

我国部分旅行社的标志：

中国旅行社总社	上海春秋国际旅行社有限公司	中青旅控股股份有限公司	中国康辉旅行社有限责任公司
中旅	春秋国旅 SPRING INTERNATIONAL	CYTS 中青旅 青旅在线	CCT 康辉旅游 kanghuiTravel

三、旅行社的品牌形象

旅行社除了可以设计自己独具特色的品牌标志，还可选择一些与产品和品牌内涵相关联的特殊形象，来帮助旅游者迅速辨认出本旅行社的产品。例如，中旅的吉祥物“旅行者”由人的眼睛、耳朵、双脚组成一个旅行者的形象，寓意为“耳闻、目睹、走天下”，极具亲和力。

四、旅行社的宣传语

不同旅行社的宣传语不同，通过简单、明了、新颖的宣传语不仅是在向旅游者传播旅行社的市场定位、文化理念和目标市场，还能够加深旅行社在旅游者心中的印象。因此，旅行社可以在产品宣传册中加上合适的宣传语，并在以后做广告的时候使用。

五、表明所提供的产品

旅行社宣传资料的设计，必须准确反映其所提供的产品，并且能帮助消费者把旅行社产品和旅行社的名称联系起来。

品牌形象的树立，一般要花费很多时间和精力，如果改变品牌形象则会产生巨大的成本代价。2019 年 9 月，拥有 178 年历史、经历两次世界大战的“世界最古老旅行社”——英国托马斯·库克集团(Thomas Cook Group)轰然倒闭，致上万名员工一夜之间失业。如今，在中企复星旅文集团的支持下，该品牌正重生为一家线上旅游公司。

旅行社宣传册的封面上通常会表明所提供产品的类型。例如，海南某旅行社介绍家庭度假产品的宣传册，在封面上出现沙滩度假的家庭旅游者；而出境旅游的宣传册更多地会在封面上显示旅游目的国的异国风情；针对青年人的度假产品，多在宣传册封面上展示青年人享受度假乐趣的照片；而针对老年人的旅游产品宣传册，则更着重突出旅游目的地的舒适或交通便捷等老年人关心的问题。

任务 3.2 品牌内涵诠释

品牌内涵是指营销者为特定品牌创造并用以与目标市场进行沟通的特定含义。一般来说，企业在确定其特定品牌的内涵时都应遵循以下思路，如下图所示。

企业目标
↓
企业所拥有的机遇与资源
↓
企业战略
↓
目标市场
↓
产品或服务
↓
产品或服务的特征
↓
产品形象

内涵确立思路图

产品品牌内涵的确立只是品牌管理的一个方面，企业还应在产品品牌确立后不断加强对品牌内涵的管理。所谓品牌内涵的管理(Brand Concept Management)是指企业在特定品牌生命周期的全过程对其内涵进行的策划、传播与控制。品牌内涵管理的最终目的在于不断增加品牌资本(Brand Equity)。

品牌资本是品牌价值的积累，品牌资本主要由品牌的名称与图案、品牌名称的知名度、品牌产品的质量、顾客对品牌产品质量的理解、品牌联想、明晰的品牌所有权和品牌忠诚等因素构成。一般来说，品牌资本越高，则相应产品的边际利润率就越高。不仅如此，品牌资本还可以用来作为竞争障碍。此外，品牌资本还为企业提供了产品种类扩张的可能性。正因为如此，企业普遍希望提高自己的品牌资本。目前，可供企业选择的品牌资本增值的途径主要有以下几种：

(1) 不断提高特定品牌产品的质量；

(2) 不断监测自有品牌和竞争对手品牌的市场含义或形象；

(3) 为品牌内涵创造独具特色的、适量的品牌联想；

(4) 选择适当的竞争优势；

(5) 保持品牌内涵一定的稳定性。

事实上，企业品牌增值的渠道从另一方面对企业品牌内涵的管理提出了目标要求，提供了管理的思路。

确定品牌内涵不是最终的目的，最终目的在于将创造出来的品牌内涵传递给消费者，使消费者认识、认同品牌，并最终建立消费者对促销产品的内涵忠诚(Brand Loyalty)。对品牌内涵进行营销沟通的目的在于唤起消费者对品牌的注意，强化消费者的认同态度，促成消费者的购买行为，并重复消费直至建立品牌忠诚。所以说，品牌内涵的营销沟通就是将企业精心设计的品牌内涵传播给消费者，并力争取得消费者的认同。但需要指出的是，沟通是双方面的，要创造共识，就必须吸引消费者积极参与沟通。此外，消费者对信息具有选择的权利和倾向。

企业作为品牌信息的发送者，它们将精心设计的品牌内涵通过适当的渠道传递给目标市场的消费者。但是，由于各个环节都存在不同程度的干扰，如生产者没能完整准确地表达品牌的内涵，信息的切入点或信息的传播渠道选择不当，都可能会使消费者误解生产者的本意。因此，企业应注意不断了解消费者对企业品牌的认知情况，并据此调整品牌信息和传播渠道，最终使消费者的认识与企业的初衷达到一致。只有这样，企业产品的品牌才有可能得到消费者的认可，而这种认可是转化为购买行为、重复购买行为和品牌忠诚的基础。

任务 3.3 培育品牌忠诚度

一、品牌忠诚度

品牌忠诚度是指消费者在购买决策中，多次表现出来对某个品牌有偏向性的(而非随意的)行为反应。它是一种行为过程，也是一种心理(决策和评估)过程。品牌忠诚度的形成不完全是依赖于产品的品质、知名度、品牌联想及传播，它与消费者本身的特性及消费者的产品使用经历密切相关。提高品牌的忠诚度，对一个企业的生存与发展，扩大市场份额极其重要。

二、品牌忠诚度培育

1. 品牌忠诚度培育中存在的问题

把品牌忠诚度的培育当作是一种营销技术。不少的企业认为要提高品牌忠诚度就是要实施品牌忠诚计划，或建立消费者数据库和客户关系管理系统。其实这些手段都是具体的操作层面，或者说是一种技术，而品牌忠诚度的提高不是某项技术能解决的。品牌忠诚是一种经营理念，忠诚目标应该贯彻到公司的各个角落，成为企业的一种灵魂。

有些企业通过消费积分、价格折扣等形式来吸引顾客重复购买或光顾。这些做法可能在短期内有非常明显的效果，但是并不能极大地提高长期顾客的忠诚度。这样做的确可以留住一部分顾客，但这一部分顾客从来就与忠诚无关，只能是伪忠诚。事实上，顾客是千差万别的，他们的需求也是多种多样的，如某些顾客对价格折扣情有独钟，某些顾客希望自己能够获得关注，而另一些顾客则倾向于获取更多的信息。

一些企业把顾客的满意与对品牌忠诚混淆起来，认为有了满意就有了忠诚。实际上，在产品日益同质化的今天，服务也很难有明显的差异，顾客满意只是一个基础，而要达到忠诚，必须要超越顾客的期望，实现顾客的超级满意。

2. 提升品牌忠诚度的原则

(1) 人性化地满足消费者需求

企业要想提高品牌忠诚度，赢得消费者的好感和信赖，企业一切活动就要围绕消费者展开，为满足消费者需求服务。让顾客在购买使用产品与享受服务的过程中，有难以忘怀的愉悦、舒心的感受。因此，品牌在营销过程中必须摆正短期利益与长远利益的关系，必须忠实地履行自己的义务和所应尽的社会责任，以实际行动和诚信形象赢得消费者的信任和支持。

(2) 提高顾客让渡价值

通过品牌满意来实现品牌忠诚。品牌满意是品牌忠诚的基础和前提。对于企业来说，要想使品牌满意，就要比竞争对手向顾客让出更大的价值。只有不断地提高顾客购买商品所得到的包括产品价值、服务价值、人员价值和形象价值在内的顾客总价值。降低顾客购买商品所付出的包括货币成本、时间成本、精神成本和体力成本在内的顾客总成本，从而不断提高顾客让渡价值，促使顾客对产品和企业产生良好的感知效果，才能实现品牌满意的目标，进而提升品牌忠诚。

(3) 产品不断创新

产品的质量是顾客对品牌忠诚的基础。世界上众多名牌产品的历史告诉我们，消费者对品牌的忠诚，在一定意义上也可以说是对其产品质量的忠诚。只有过硬的高质量的产品，才能真正在人们的心目中树立起“金字招牌”，受消费者喜爱。产品的创新让消费者感觉到品质在不断提升，让产品有新的兴奋点，让消费者感觉到企业一直在努力为消费者提高产品品质。

(4) 测量并管理顾客满意度

对顾客满意度的常规调查有助于企业了解顾客的感受,调整产品与服务。此类调查必须按一定的频率及时、敏感、全面,以便企业认识到顾客综合满意度发生变化的原因。要使顾客满意度测量发挥作用,就必须将其与企业的日常管理结合起来。比如万豪酒店根据每周对顾客满意度的调查结果,确定企业存在的问题,并采取相应的措施。大堂经理会关注对等候时间、入住以及结账后离开等问题的调查。要确保满意度调查发挥作用,可以将其作为薪酬体系的一部分。例如,比萨连锁店每周通过电话方式,调查顾客对反应时间、面团的发酵程度、馅饼的口感、香辣肠的新鲜度以及外卖人员的态度等方面的意见;每月汇总调查结果之后,给每个分店评分,并根据这些数据发放每月奖金或进行处罚。这种方式将促使员工重视满意度测量,从而使其改进企业的运行,有利于品牌忠诚度的提高。

任务 3.4 使用和维护品牌

旅游企业可能通过某种策略科学而有效地获得较高的品牌知名度和美誉度。成功树立的品牌必须正确使用才能发挥出长期效益,在旅游品牌的使用中主要涉及有关品牌联想、品牌延伸和品牌扩张的问题。

一、旅游品牌的联想

(一) 旅游品牌联想的含义

当旅游消费者提到某一好的品牌后就会产生一系列联想、印象。这种联想即旅游品牌联想。旅游品牌联想既包括理性的联想,也包括感性的联想。理性的联想有助于消费者形成购买的理由,感性的联想有助于促动消费者的情感,保持品牌忠诚。旅游品牌联想大部分反映的是品牌的利益点,能满足消费者的需求,促进消费者形成购买行为。

(二) 旅游品牌联想的策略

1. 创造品牌故事。一些企业为了更好地制造故事,成立了专门的故事制造部门,该部门通常为新闻中心。新闻中心组织撰写新闻稿或信息稿,联系各媒体发布。通过这些故事,最大限度地传播品牌的理念,让消费者在不知不觉中接受自己的品牌。

2. 设计灵魂人物。灵魂人物的个人魅力可以增强号召力。有了灵魂人物,品牌就有了更多的宣传机会,如新闻报道、人物传记等。但品牌的灵魂人物设计应该是一种长期的策略,要考虑灵魂人物个人人生变故对品牌的影响。

3. 借助有名望的消费者。在品牌营销的过程中,可以借助一些有名望的消费者的影响力进行传播,建立品牌联想,创造营销机会。例如,很多旅游景区留下知名人物游览参观之后的“墨宝”与图片，或是声像资料，在品牌营销中予以合理使用，提高宣传影响力。

4. 迎合消费者心理。品牌使用过程中，可以通过迎合消费者心理形成具有感染力的品牌联想。例如，西班牙在针对欧美客人时，提出“冒险与史诗的国度”的宣传语；在针对亚洲客人时，提出“阳光普照下的西班牙”的宣传语。为迎合不同地区消费者的不同心理，提出具有不同品牌联想的宣传标语以及辅助资料信息。

二、旅游品牌延伸

在竞争日益激烈的市场环境之下，完全打造一个新品牌是非常困难的。而一个成功的品牌已经建立了与目标市场之间的稳定的联系，可以利用这种关联，通过品牌延伸对品牌进行更为充分的利用。

(一) 旅游品牌延伸的原则

1. 旅游品牌延伸必须保持与原有产品的相关性与一致性。首先，具有相关性与一致性的品牌延伸才容易取得成功。旅游消费者日益成熟，在形成品牌忠诚度之后，依然会对延伸商品进行相对理性的判断，若延伸产品与原来品牌依托的商品之间差异非常大，消费者对品牌的忠诚与喜爱便难以延伸。其次，若延伸后的产品与原产品相差甚远，可能会冲淡原有品牌，对产品定位会产生不利影响。

2. 旅游品牌延伸必须建立在市场容量分析的基础之上，旅游企业在品牌延伸中，往往首选热门行业。但进入某一领域之前，不仅要进行宏观分析与预测，还应有效进行行业的中观考察，充分分析热门行业的市场竞争状况，考察市场容量潜力。在延伸之前，确定进入的价值和获利的概率是前提和基础。

3. 旅游品牌延伸必须以某一品牌产品已形成绝对优势为前提，简而言之，先稳定，后发展。旅游品牌在延伸的过程中，资源配置必然发生相应变化，可能会影响到企业集中力量突出品牌某一方面的优势。若没有品牌定位上绝对优势的建立，新产品在市场竞争中的已有品牌优势便相对弱化，并且品牌延伸可能影响到品牌的长远发展。已有品牌的绝对优势是品牌延伸的前提与基础。

4. 旅游品牌延伸应该有“一荣俱荣、一损俱损”的准备。品牌延伸的风险是与收益并存的。企业在利用品牌延伸获取更多利润的同时，应充分认识到风险的存在。延伸后的品牌产品在竞争中虽然具有一定的知名度与美誉度优势，但依然要遵循市场经济竞争的客观规律。只有做好周密细致的工作才可能取得最后成功。同时，延伸品牌的发展还会影响到主品牌的经营与发展，两者之间的关联既是利润的来源，同时也是风险所在，必须有充分正确的认识。

(二) 旅游品牌延伸的方法

1. 旅游品牌定位延伸策略。旅游品牌通过成功的定位在消费者心目中占据了独一无二的位置。成功的品牌定位使企业可以享受到两方面的利益：首先，企业名称在消费者心中成为类别的替代物。在心理学中存在着“初始效应”——当某一事物给人们留下突出印象并产生持续影响时，它往往成为这一事物的代名词。其次，旅游品牌名称是产品独特属性在消费者心目中的代表。品牌大师艾里斯说过，实际上被灌输到顾客心目中的根本不是产品，而是产品名称，潜在顾客往往将品牌属性与产品名称予以挂钩。例如，潜在旅游者已经将“海南博鳌”与专业国际会议举办地紧密地联系在一起了。

旅游品牌可以对品牌定位进行适度延伸。在延伸的过程中应注意选准适当的层次，若旅游品牌定位显示出另议定位诉求点，在消费者心目中可能再难以成为原有类别的代名词。与此同时，其他品牌可能趁机而入，取代原品牌在消费者心目中的位置。因此，在利用品牌延伸定位的过程中，必须着眼于长远利益，避免仅追求短期利益而影响到企业成功的品牌定位。例如，海南三亚市以浪漫之都为基础，强化美丽之冠的定位，两者之间相互促进与补充，成功进行了城市的品牌延伸。

2. 旅游品牌产品线延伸策略。在旅游品牌的使用与管理中，可以对产品线进行纵向或横向的扩展，通过改变产品组合的长度与宽度延伸旅游产品。首先，企业可以从高、中、低三个档次着手，进行纵向的产品延伸。例如，假日酒店在发展中，最初是低档品牌，在发展中跟随市场的变化不断调整，增加产品花色品种，建立行业优势，在该类产品市场中占据主导地位，满足消费者和经销商多样化需求，为市场扩展奠定良好基础。

3. 旅游品牌向网络领域延伸策略。旅游产品具有生产与消费同时性的特征，根据不同消费者特征进行的定制生产与批量生产之间的成本差异并不明显，这为网络一对一定制营销奠定了基础；旅游产品消费具有明显的差异性，这种异地性是通过旅游消费者向生产者所在地的转移实现的。在产品的销售过程中并不直接涉及旅游产品的物流功能，这使得网络销售的不便对于旅游产品销售的限制并不明显。旅游产品具有无形性的特征，旅游者在购买之前难以通过有形产品的直接展示进行比较与决策，往往更多的依据来自产品的品牌。这点正好为品牌基础较好的企业进行网络延伸创造了条件。此外，旅游消费者一个突出的购买行为特征是，在产品信息收集过程中，积极使用网络媒介，这也是为旅游品牌向网络领域延伸创造了较好的条件。

在网络新技术环境条件之下，企业可以根据市场变化迅速推出与之相适应的旅游产品，可以改变传统品牌单纯依赖自我力量发展和延伸品牌的策略，充分利用其他行业在技术应用领域中的创新，共同走产品创新联合发展的道路。值得注意的是，在旅游品牌向网络领域延伸过程中，应该以市场的实际需求为基础。没有市场需求的拉动，品牌延伸可能失败，并殃及母品牌的发展。

三、旅游品牌扩张

旅游产品是旅游品牌的基础要素之一，旅游品牌扩张是指旅游品牌产品市场范围的扩大，即通过旅游品牌在产品上的扩张来提高品牌的市场影响力，使品牌放大、增值。品牌扩张有利于对原有品牌的充分利用，开拓企业经营的市场领域，提高整体品牌系统的投资效益。

(一) 旅游品牌扩张的风险

1. 错误评估自身旅游品牌的实力。旅游品牌扩张必须建立在对自身实力的准确评估基础之上。品牌的实力主要是指企业所创立的品牌在消费者心目中的地位与影响力。旅游品牌扩张的实质就是利用这种品牌声誉与影响力在市场上推出新产品。若企业高估了品牌在消费者心目中的地位,很可能会由于扩张战线拉得过长而使企业精力分散,削弱已有品牌。

2. 忽视旅游产品品质的保持与提高。消费者出于对某旅游品牌的偏好而在购买决策中表现出品牌忠诚。然而这种品牌忠诚是动态发展的,企业不能迷信。若品牌扩张不能保证产品品质的保持与提高,消费者的品牌忠诚便会发生转移。企业将良好的品牌基础等同于市场,必然会缺乏创新动力,忽视卓越品质保证的重要性,最终将失去稳定的消费市场。

3. 旅游品牌优先效应的弱化。成功的旅游品牌必定有清晰与准确的市场定位。这种市场定位会使消费者在选择中"优先"考虑。旅游品牌扩张与品牌延伸一样,可能会弱化产品的定位。虽然通过推出各具特色的产品丰富了品牌内涵,但可能弱化了基本定位。旅游企业在扩张中应该尽可能沿着消费者的思维定式进行扩张,结合主、副品牌等有效策略减轻对品牌优先效应弱化的负面影响。

要充分认识到品牌扩张中可能存在的风险,将有助于企业及时采取对应措施,有效规避风险。

(二) 旅游品牌扩张的方法

1. 旅游品牌连锁策略。旅游品牌连锁是以企业方式构筑授权者与经营者共同借助同一品牌在同一管理制度约束之下实现旅游品牌扩张,进而实现双赢或多赢的营销方式。常见的连锁经营在旅游产品生产企业与中间商、旅游中间商与旅游中间商之间展开。这些企业必须呈现出经营同一品牌的特征。

旅游品牌连锁企业不需要授权者投资,品牌连锁经营方式的日常管理由经营者承担,可以循序加快扩展业务的速度。对授权者来说,是一种低风险、低成本的旅游品牌扩张方式。但授权者必须考虑连锁企业可能对于品牌、市场声誉等无形资产带来负面影响,事前必须对构建连锁加盟体系有充分的调查研究。

2. 旅游品牌并购策略。旅游企业可以通过并购的形式进行品牌扩张,扩大品牌规模、实力。同时,采用并购的形式进行扩张可以充分利用原有企业人、财、物、信息方面的资源优势,通过强大的品牌迅速重组被并购企业,在短期内实现品牌的规模市场效应和规模经济效应。在旅游品牌并购的过程中,必须要遵循市场操作的法则。

3. 旅游品牌联合策略。首先,可以进行合资联合。几家公司共同投资或合并建立综合性事业,它的核心是财力的汇集。其次,品牌内部联合,即公司采用外包的形式将部分或全部产品交给其他公司生产,而后标上本企业旅游品牌进行销售,它的核心是善于利用社会分工后形成的专业化,合理利用他人的力量促进自身发展。最后,旅游品牌产品的供需双方联合，即在旅游业内或旅游业与其他行业之间进行以彼此产品交换为支付形式的联合。它的核心是双方的互惠互利。例如，品牌旅行社可以与品牌保险公司进行联合。旅行社购买保险公司的产品，而保险公司也可以购买旅行社的相关旅游产品。这样的强强联合一方面有利于企业双方销售业绩的提升；另一方面有利于双方产品质量的稳定和实力的增强。

四、旅游品牌的创新

经济的发展离不开创新，旅游业激烈的竞争要求企业不断进行创新。创新一般围绕技术、管理及制度而展开。无论是哪种形式的创新，都有利于企业劳动生产率或资产运营效率的提高。旅游品牌应力求自身的不断创新，反映出企业的活力。

（一）旅游品牌的技术创新。企业发展动力的源泉主要来自四个方面：资本的积累、资源的更有效配置与使用、劳动生产率的提高以及技术的进步。其中，技术进步是最根本与持久的动力。拥有了新的技术，旅游企业就可能找到新的增长模式，可能开拓新的市场。

（二）旅游品牌的产品创新。旅游品牌的创新主要来自旅游产品的创新。旅游产品作为服务产品，与有形产品的创新有类似之处，也有自身的特点。

首先，产品的创新都必须以消费者的需求为出发点。例如，随着残障人士旅游需求的提升，部分旅行社创新出适合聋哑人游览的旅游线路，对旅游服务进行了专门设计，及时弥补了这一新兴市场需要的产品空缺，成功地为品牌增添了新的元素。

其次，产品的创新可以从服务产品中消费者与消费者之间的影响着手。例如，北京某旅行社创新出由日本小朋友和中国小朋友共同参与的“北京夏令营”产品。这一产品从参与者角度进行了创新。对于选择这一旅游产品的消费者而言，更加看重的恰恰是中日消费者之间的交流。在原有线路基础上，通过组织参与者完成了对产品的创新，为旅游品牌增添了新的亮点。

此外，产品的创新可以从旅游产品的功能着手。例如，产权式酒店通过房地产业与旅游业结合，既满足了消费者旅行住宿的需要，又满足了消费者房地产投资的需要。这一双重功能的创新为许多酒店创造了新的赢利空间，实现了有效的品牌创新。

五、旅游品牌的自我保护与社会保护

在旅游品牌的使用过程中，必须进行维护。旅游品牌最大的敌人其实并不是竞争者，而是品牌拥有者自身。企业只有在品牌运营中采取一系列维护品牌形象、品牌定位的活动，使品牌不断适应变化的内部环境，才能保持旅游企业的品牌之树常青。

（一）企业用法律手段对旅游品牌商标、产品进行自我保护

在旅游业界，产品自身的特点使其复制成本相对偏低。企业进入和退出门槛不高，存在部分以短期利益最大化为经营目标的企业，它们并不重视品牌的发展，以模仿和复制为主要竞争手段。旅游消费者目前的鉴别与自我保护意识还不是很强，部分消费者由于贪

图小便宜而使自身利益受到伤害。在这样的市场环境之下,企业必须注重利用法律手段保护自身利益,主动申请专利,注册商标。利用防伪技术,向消费者宣传普及商品比较、鉴别方法,维护自身品牌的商标、产品。

旅游商标注册是进行品牌保护的基本手段,商标只有经过注册之后才会得到法律保护。很多与旅游相关的老字号没有及时办理商标注册申请,导致原有商标被抢注,使企业经营处于被动境地。在商标注册的过程中,应关注以下环节的工作:首先,在商标注册时,要防止近似商标的注册。例如,广铁青创建了"南方快车"的品牌,若进行商标注册,必须考虑"南方列车""快车南方"等类似商标,提前进行防伪注册,努力做到万无一失。其次,进行行业注册与防止近似商标注册类似。例如,"武汉蔡林记"作为食品品牌,不仅在食品行业进行注册,还可以在旅游纪念品、服装、医药等行业进行注册,这样不会在其他行业出现同名的品牌,同时品牌在进行延伸时也不会出现法律上的麻烦。

(二) 社会通过系统工程对旅游品牌进行保护

旅游品牌保护并不仅仅是企业的事,它是一项综合性很强的社会系统工程,需要全社会的共同参与,包括法律保护、政府保护、社会团体的保护、舆论媒体的保护和消费者的保护。社会对旅游品牌的保护主要体现在以下两个方面:

首先,法律对旅游品牌的保护。通过及时制定配合实践发展的鼓励与惩罚性法律、法规。通过司法程序,以法律为准绳,以事实为依据,对假冒伪劣的违法犯罪行为给予及时的法律制裁。

其次,政府对旅游品牌的保护。政府制定相关的政策、规划、纲要,提倡和推动质量振兴和名牌战略;组织开展创旅游名牌活动,推动名牌战略的实施;对实施名牌战略和质量振兴规划进行具体的支持和帮助;加强检查监督,认真执法,加大打假力度,保护名牌。

六、旅游品牌的维护

(一) 保持与旅游消费者需求之间的动态平衡。旅游品牌的创建与使用处于动态市场环境中。要维护好旅游品牌,必须维护动态环境之下,品牌与消费者之间、与竞争品牌之间以及与传媒之间的关系。旅游品牌维护的根本点是,品牌发展必须以市场为中心,不断调整品牌以适应消费者变化着的需求与偏好。

(二) 实施 CIS 战略。CIS(Corporate Identity System)即企业形象识别系统,它包括企业视觉识别(VI:Visual Identity)和经营理念识别(MI:Mind Identity)。品牌并不能简单等同于 CIS 战略。但旅游消费者对于品质与形象越来越挑剔,而这正是许多旅游企业一直比较疏忽的方面,旅游企业应该以品牌定位为中心,对企业标志、标准字、标准色、相片图案、企业造型、宣传标语以及口号进行统一设计,并通过公关、展示等活动向消费者和用户进行传播。通过长期巩固来维持在消费者心目中良好的整体形象。

(三) 保持良好信誉。在市场经济环境之下,企业必须保持良好信誉。在旅游服务过程中,会有各种各样的突发事件,也可能会碰到挑剔甚至无理取闹的客人。旅游企业无论处于怎样的市场环境之下，都必须坚持企业的服务理念，即使暂时增加了经营成本，也应该以维护企业品牌良好的信誉为行为依据，唯有如此，才可以保持品牌魅力。

课程思政重点

工匠精神

“工匠精神”是为了鼓励企业开展个性化定制、柔性化生产，培育精益求精的工匠精神，增品种、提品质、创品牌。对于个人来说，工匠精神是一种认真精神、敬业精神。其核心是：不仅仅把工作当作赚钱养家糊口的工具，而是树立起对职业敬畏、对工作执着、对产品负责的态度，极度注重细节，不断追求完美和极致，给客户无可挑剔的体验。而对于企业家来说，工匠精神就是企业家的创新、敬业和执着态度。

随着自由行的流行，传统旅行社的团队游业务受到冲击，如何调整经营战略稳定市场成为首要任务，工匠精神四个字是最好的答案。随着时代的发展和市场的变化，旅行社的品牌化是必然的选择，并且品牌化的长期维护至关重要，需要旅行社以“工匠精神”对自身品牌进行管理和持续推广。

在线学习

关键词点击　　知识链接　　案例分享　　线上练习

工作评估表

等级 标准	优秀	良好	及格	不及格
品牌名称科学				
品牌标志合理				
品牌形象与宣传语易于推广				
品牌设计内涵正确				
品牌设计资本得到增长				
品牌设计市场忠诚度得以提高				
合理使用旅行社品牌				
不断维护品牌知名度和美誉度				
团队精神				
工作态度				
创新能力				
总体评价				
自我总结				

拓展实践

请从品牌名称、标志、宣传语等角度创设一个旅行社品牌，并为其制定品牌内涵和品牌推广策略。

项目四

旅行社战略管理

配套微课

战略管理是指对战略目标形成、战略对策的制定和战略方案实施的整个过程进行计划、组织、指挥、协调和控制的活动。企业发展战略包括企业发展方向、发展目标、组织结构、产品开发、市场开拓、人力资源管理、资金筹措和利用等。除了以上几个要素外，旅行社应当重视产品、服务、营销等方面的发展战略研究，例如在电子商务、市场营销等方面的创新。制定科学的发展战略能够推动旅行社健康发展，在行业中站稳脚跟，满足多元化市场的需求。

任务 4.1　旅行社经营定位

任务 4.2　旅行社战略规划

任务 4.3　旅行社计划管理

任务 4.1　旅行社经营定位

一、旅行社的经营定位

经营定位，一般是指企业确定的经营因素与竞争者所对应的经营因素相比较的差异，以及由此而形成的目标市场消费群体对本企业价值的评价和认识。对于旅行社来说，是针对同行现有产品在目标市场上的经营状况，根据目标市场需求群体对竞争者产品特征属性的重视程度，来树立本企业产品的特色与形象，并把这种特色与形象传递给目标市场群体，从而使本企业在市场中占据一定的位置。定位的明确主要是为了帮助旅行社与同行竞争者加以区别，创造更多的市场机会，占有更高的市场份额。

二、具体步骤

通常，旅行社的经营定位可以从以下五个方面考虑：产品的性质、特点及功能；产品的质量和规模；产品为旅游者带来的利益、价值；旅游者的需求特点；竞争对手的经营要素。

而明确旅行社的经营定位就是将旅行社置于上述五个立场之一，收集有关信息，确定竞争对手的定位，最后做出自己的定位选择。

（一）信息收集

信息收集作为首要环节，是建立在对相关信息和资料分析研究基础之上的。信息收集过程中，应当集中关注以下几个方面：

1. 目标市场群体的需求特点，以及他们所重视的旅游产品的特性；
2. 目前在目标市场中已经存在的产品类型和特性；
3. 目标市场群体未被充分满足的需求；
4. 与同行竞争对手相比，对自身的优劣势分析。

（二）竞争对手分析

通过全面了解主要竞争对手的各种信息后，对其销售的产品进行描述，从而精准判断竞争对手在特定目标市场上的位置。其间，要综合考虑各种市场细分因素和细分标准，全面评估竞争对手的市场定位。

（三）确定经营定位

在前两步的基础上，探索寻找目标市场中未被满足的需求以及目前市场中存在的空白点，从而最终确定本旅行社的市场位置。旅行社的经营定位能够帮助其区别于竞争对手，形成独特形象，所以经营定位所需考虑的要素，必须充分符合目标市场群体的利益需求和特点。

任务 4.2　旅行社战略规划

旅行社经营战略是市场经济条件下，旅行社为谋求长期生存与发展，在外部环境和内部条件分析研究的基础上，以正确的指导思想，对企业主要目标、经营方向、重大经营方针、策略和实施步骤做出长远的、系统的和全局的策划。其全过程一般可分为以下五个步骤：

一、战略分析

战略分析，是旅行社企业经营战略制定的前提，根据分析的内容，可以分为企业外部环境分析和企业内部条件分析。

企业外部环境分析。企业是环境的产物。旅行社经营战略的有效性，取决于战略制定者对企业外部环境的认知程度。因为旅行社经营战略中所规定的发展目标与行动方案，必须与企业所处的外部环境相适应。只有充分掌握了外部环境的变化，旅行社才能把握由于环境变化所产生的机会，并能有效地降低或消除由于环境变化所出现的威胁。旅行社的外部环境主要包括宏观环境和微观环境两方面。宏观环境主要有政治法律环境、经济环境、技术环境和社会文化环境;微观环境主要有行业性质、竞争者状态、旅游者状态以及旅游生产商的状态。

企业内部条件分析。孙子曰:知己知彼,百战不殆。旅行社经营战略是根据企业资源与市场环境相适应的要求制定的。因此,对企业内部条件的分析,是旅行社制定经营战略的一项重要内容。对旅行社内部条件的分析,是要确定旅行社内部战略要素,其过程是要对旅行社经营状况的各个方面进行调查,并通过相关分析方法,确定内部各个战略要素对形成旅行社经营优势与劣势的影响程度,并结合旅行社市场环境来确定企业的战略地位。

二、目标确定

战略目标,是对旅行社企业战略经营活动预期取得主要成果的期望值。战略目标的设定,同时也是企业宗旨的展开和具体化,是企业宗旨中确认的企业经营目标、社会使命的进一步阐明和界定,也是企业在既定的战略经营领域,展开战略经营活动所要达到的水平的具体规定。

旅行社企业战略目标的确定过程。一般来说,确定战略目标,需要经历调查研究、拟定目标、评价论证和目标决断四个具体步骤。

战略目标的体系结构和内容。由于战略目标是企业使命和功能的具体化,一方面,有关企业生存的各个部门都需要有目标;另一方面,目标还取决于个别企业的不同战略。因此,企业的战略目标是多元化的,既包括经济目标,又包括非经济目标;既包括定性目标,又包括定量目标。

三、方案选择

战略方案选择阶段所要回答的问题是“企业走向何处”。战略选择阶段的工作可以分为制定战略方案、评估备选方案和战略选择三个步骤。

(一) 制定战略方案

在制定战略过程中,当然是可供选择的方案越多越好。旅行社企业可以从对企业整体目标的保障、对中下层管理人员积极性的发挥以及企业各部门战略方案的协调等多个角度来考虑,采取自上而下、自下而上或上下结合的方法来制定战略方案。

(二) 评估备选方案

评估备选方案,通常使用两个标准:一是考虑备选战略方案是否发挥了企业的优势,克服了劣势,是否利用了机会,将威胁削弱到最低程度;二是考虑备选战略方案能否被企业利益相关者所接受。需要指出的是,实际上并不存在最佳的选择标准,管理层和利益相关团体的价值观和期望值在很大程度上影响着战略的选择。此外,对战略的评估,最终还要落实到战略收益、风险和可行性分析的财务指标上。

（三）战略选择

旅行社战略选择会对企业未来产生重大的影响。因而，这一决策必须是非常慎重的。在实际工作中，旅行社管理者往往在经过对各项可能的战略方案进行全面评价之后，发现好几种方案都是可以选择的，在这种情况下，需要综合考虑企业过去的战略、管理者对风险的态度、企业对外部环境的依赖性、企业文化和战略方案的时期性、竞争者的反应等因素，进而做出正确的战略选择。

在旅行社经营发展战略中，产品——市场发展战略是最常使用的一种。一般而言，企业经营战略的四项要素（现有产品、未来产品、现有市场、未来市场）有四种组合，即市场渗透（现有产品和现有市场的组合）、市场开发（现有产品与未来市场的组合）、产品发展（现有市场与未来产品的组合）和多角化经营（未来产品与未来市场的组合）。

1. 市场渗透战略

市场渗透战略，是由旅游企业现有产品和现有市场组合而产生的。此战略强调决策者应系统地考虑市场、产品及营销组合的策略，以促进市场渗透。那么，旅行社如何在市场方面扩大其现有产品的销售量呢？

（1）发现和挖掘潜在顾客；

（2）从竞争对手那里吸引顾客；

（3）增加回头客，扩大老顾客的使用频率；

（4）提高产品及服务质量，增加产品的无形价值；

（5）在销售价格、销售渠道、促销手段（广告、销售促进、人员推销）、服务等营销组合方面进行改进。

市场渗透战略需要较少的投资，实施成本低，与改变现有设施，或增加服务（产品开发战略），或开拓新的细分市场（市场开拓战略）等措施相比，市场渗透战略需要较少的组织资源和技巧，对现有市场和顾客较为熟悉。但是也存在局限性：第一，风险低，回报也低。第二，在现有市场拓展的可能性是有限的，一旦市场成熟，市场渗透的机会就消失了。而且，即使市场渗透战略在短期内取得成功，在长期内它可能不如其他市场战略有效。如果将市场渗透战略与企业的长期发展目标结合起来，则市场渗透战略有可能避免其局限性，在这种情况下，成功的市场渗透辅之以企业规模的扩大和市场主导地位的确定，消费者更倾向于规模较大、知名度高的、信任度更高的饭店和旅行社。第三，市场渗透战略易引起竞争者报复，竞争者很容易通过增加推销预算或降低价格等措施来增加市场份额。第四，市场渗透战略比较适合一个新的或正在成长的市场，因为成熟的市场销售量相对稳定，从竞争者那里夺取市场份额时花费较大，而且易导致竞争者报复。此时，消费者的消费行为已经稳定，已有了一定的品牌忠诚度，已不容易改变消费者的品牌偏好，而在一个尚未成熟的新市场或还在成长的市场，消费者行为不稳定，尚在寻找最适合自己的品牌。

因此，在以下情况下，旅行社适合采取市场渗透战略：（1）在旅游产品/服务生命周期的初期，市场仍在变化，消费者没有明显的产品/服务偏好，因为市场正在扩展，所吸引的新的消费者并不是从竞争者那里夺取过来的。(2) 一个企业比竞争者拥有更多的、更擅长使用的营销技巧(如广告、营销推广等)。(3) 确认近期内扩大市场占有率可以保证获得长远利益。

总之,市场渗透战略是希望通过对现有产品进行小的改善以赢得更多的消费者。如果市场处于成长期,在短期内此战略可能会使利润增长;但当市场日趋成熟时,企业必将面临激烈的竞争。市场渗透战略表面看起来是风险最小的一种发展战略,但由于以下原因,它可能又是风险最大的一种发展战略:第一,除非企业在市场上处于绝对优势地位,否则必然会出现许多强有力的竞争对手;第二,决策者把精力放在现有事物处理上,可能错过了更好的机会;第三,顾客兴趣的改变将导致企业目标市场衰竭。

2. 市场开发战略

市场开发战略,是由现有产品和新的市场组合而产生的战略。它是开拓现有产品的新顾客层或新的地域市场,从而扩大产品、服务销售量的战略。在企业现有产品的市场中,企业通过长期经营已经建立了一定的市场基础,具有一定的市场竞争能力,且掌握了与经营现有产品有关的人力、物力和管理经验。实行这种战略的办法有:① 市场开发,即将现有产品打入别的市场上去,如旅行社可以将某条成熟的旅游线路销往新的顾客群。② 在新市场上寻找潜在顾客,如旅行社可以组织研学旅游,培养孩子在家所得不到的锻炼。③ 增加新的销售渠道,采用新的促销手段。

市场开发战略比市场渗透战略风险性大,因为要开拓一个新的市场,事先必须掌握它的特点和要求,选择合适的销售渠道,采用正确的营销手段和方法,否则将会遭受很大的风险和损失。但是这种战略迫使决策者放开眼界,拓宽思路,重新确定营销组合,是一种长期的发展战略,而且收益也较大,对企业长期发展带来有利的影响。

3. 产品发展战略

产品发展战略,是由企业原有市场和本企业的新产品组合而产生的战略,即对企业现有市场投放新产品或增加产品种类,以扩大市场占有率和增加销售额的企业发展战略。从某种意义上讲,这一战略是企业发展战略的核心。因为对企业而言,市场是不可控的,而产品开发则是通过努力可以控制的。

采用此战略的旅行社必须对它原有顾客有彻底的了解,有能够满足顾客需要的其他产品。这种战略具有一定的创新开拓性,但由于仍在原有市场的顾客群中寻找机会,可能会损失其他市场的机会。因此,产品发展战略也可以是将新产品进入别的企业已成熟的市场,这时要求这种新产品必须是全新的,是别的企业从未有的产品。只有具备这样的创新,才能带来创新战略所具有的收益。这种战略具有高风险、高收益的特征。风险来自:一是新产品不一定适合该市场顾客群的需要;二是由于缺乏别的企业已成熟的市场的资料和经验。

产品发展战略适用于经营管理素质好、产品开发能力较强的企业。旅行社要采取这种战略,就必须积极创造条件不断进行产品开发工作,以求保持自己的产品在技术上的先进性和功能、质量、价格等方面的优势。

4. 多角化经营战略

多角化经营，也称为多样化经营或多种经营。它是指企业同时生产或提供两种以上基本经济用途不同产品或劳务的一种经营战略，即企业在为现有市场提供产品或服务的同时，又以新的产品或服务开辟新的市场。目前，此战略已成为许多企业适应新形势、开辟新市场的必然选择。旅行社采用多角化经营战略有以下几个方面原因。

第一，社会经济的发展促进了人们旅游消费范围的扩大和消费欲望的增长，旅游消费呈现出多层次、多方位、多样化的特点，这为旅行社发展提供了众多的市场机会，促使一批企业进行多角化经营，这既满足了人们不断增长的旅游消费需求，也促进了企业的发展。

第二，由于市场扩大化和竞争复杂化，企业采用单一产品、单一市场的集中经营风险加大，为分散经营的风险，增加经营的安全性，考虑采用多角化经营。

第三，当企业的资金、人力等资源有富余，为充分利用富余的经营资源，考虑采用多角化经营战略。

第四，当企业的产品已达生命周期成熟期的后部分时，要想取得较长期的利益及稳定的发展，必须向新产品及新市场进军。这时，可考虑采用多角化经营战略，进行产品结构的调整，向新兴的经营领域开拓。

旅行社采用多角化经营战略，必须以一定的人力、物力、财力为基础。当企业规模小而产品及市场都在不断增长的情况下，就应该集中资本扩大生产原有产品，而不宜采用多角化战略。因此，决策者应深入研究本企业是否应当采用多角化经营，多角化到什么程度才能最大限度地发挥企业潜力，并使资源达到最充分的运用。因为多角化程度越低，管理较简单，多角化经营程度越高，管理越复杂。超过一定限度，则可能好事变坏事，使企业无法控制。

按各项业务与主业的关系，多角化经营战略可分为以下五种类型：

(1) 专业型战略。企业专业化比率很高(在95%以上者)，称为专业型多角化战略，这是把已有的产品或事业领域扩大化的战略。

(2) 垂直型战略。某种产品的生产，往往只取从原材料生产到最终产品销售整个系统中的一个阶段，而每个阶段都有其完整的生产体系。垂直型战略，就是或向上游发展，或向下游渗透。

(3) 本业中心型战略。企业专业化比率较高的多角化战略(在20%—95%之间)，称为本业中心型战略，即企业开拓与原有事业密切相关的新事业，而仍以原有事业为中心的多角化战略。

(4) 相关型战略。企业专业化比率低(低于20%)而相关比率较大的多角化战略。一般来讲，多角化战略的核心是经营资源。实行相关型多角化战略，就是利用共同的经营资源，开拓与原有事业密切相关的新事业。

(5) 非相关型战略。企业相关比率很低，也就是企业开拓的新事业与原有的产品、市场经营资源毫无相关之处，所需要的技术、经营资源、经营方法、销售渠道必须重新取得。

国内外饭店业实行多角化战略的企业屡见不鲜。例如,“一业为主,多种经营,以主带副,协调发展”,是北京首汽集团股份有限公司发展的总方针,首汽已下辖100多家企业,涉足的行业包括汽车出租、修理、租赁、旅行社、饭店、商务大厦、商贸、房地产、通信、广告、影视等数十个行业,其涉及范围之广,在我国旅游企业首屈一指。

然而,多角化经营战略不是任何企业的灵丹妙药。世界上成功的企业,既有高度集中经营的公司,也有多角化经营的公司。而经营失败的企业中,采用两种战略的企业也都存在。因此,决策者不能迷信任何一种经营战略,应因时因事因人制宜。当企业不采用多角化经营战略仍能达到经营目标时,则以不进行多角化经营为宜,因为多角化经营需要较大的投资,也要冒较大的风险。如企业对新进入的经营领域预测有误时,就会产生负面效应,使得企业不仅在新的经营领域内无法成长,而且对企业原有的经营领域有干扰。

四、战略实施阶段

(一) 战略发动阶段

旅行社企业的领导人要研究如何将企业战略变为企业大多数员工的实际行动,调动起大多数员工实现新战略的积极性和主动性,这就要求对企业管理人员和员工进行培训,向他们灌输新的思想、新的观念,提出新的口号和新的概念,消除一些不利于战略实施的旧观念和旧思想,以使大多数人逐步接受一种新的战略。

(二) 战略计划阶段

战略计划就是将经营战略分解为几个战略实施阶段。每个战略实施阶段都有分阶段的目标、政策措施、部门策略以及相应的方针等。

(三) 战略运作阶段

旅行社企业战略的实施运作,主要与如下六项因素有关,即旅行社企业各级领导人员的素质和价值观念、旅行社企业的组织机构、旅行社企业文化、资源结构与分配、信息沟通、控制及奖励制度。这六项因素的实施运作,使经营战略真正进入旅行社企业的日常经营活动中去,成为制度化的工作内容。

五、战略控制阶段

战略控制,主要是指在企业经营战略实施过程中,检查企业为达到目标所进行的各项活动的进展情况,评价实施企业战略后的企业绩效,把它与既定的战略目标和绩效标准相比较,发现战略差距,分析产生偏差的原因,纠正偏差,使企业战略的实施更好地与企业当前所处的内外环境及企业目标协调一致,使企业战略得以实现。

任务 4.3 旅行社计划管理

旅行社计划管理，是对经营战略目标体系按照年度、季度、月度进行分解和落实，是旅行社经营战略得以顺利实现的重要一环，也是旅行社企业一年经营活动的行动指南，同时也是企业绩效考核的标准。

一、经营计划编制准备

旅行社企业经营计划编制的准备阶段，必须收集一系列资料，然后在详细分析研究这些资料的基础上，进行相应的经营分析和机会研究，需要收集的资料主要有：

各种国民经济的统计资料，尤其是旅游市场规模直接相关的人口数据、人均消费能力、人均收入、人均 GDP 等数据。

政府行业主管机关、各主要新闻媒体的资料。

旅游竞争对手的资料。

旅游要素供应商的资料。

企业内部业绩资料。

对旅游市场的预测性资料。

重要客户的资料。

二、经营目标体系的确定与分解

在旅行社经营计划体系中，确定经营目标体系是一项十分重要的内容。所谓经营目标，是指旅行社经营活动在一定时期内(通常是一年)的奋斗方向及其所取得的预期经营成果。所谓经营目标的分解，是指以一定的分配基准对各项经营目标进行的细化，以及对实现经营目标的具体方法及程序所做的规定。经营目标的分解要有利于旅行社经营活动的开展及各项经济目标的全面实现。下表是某旅游批发商所编订的经营目标体系。

某批发商的经营目标体系

业绩指标	
A1	同业批发人数
A2	同业批发营业额
A3	同业利润
A4	地接人数
A5	地接营业额
A6	地接利润

续 表

A7	实现利润总额
费用指标	
B1	人员工资
B2	通信费
B3	房租及水电
B4	差旅费
B5	市场营销费
B6	公关招待费
B7	办公费用
B8	其他费用
B9	费用总额
纯利指标	C1
建设指标分销网络	
D1	分销商数量
D2	VIP 分销商数量
D3	地理分布
批发指标旅游专线	
E1	旅游专线数量
E2	旅游专线批发人数
E3	旅游专线销售额
E4	旅游专线总利润
产品指标主题旅游	
F1	主题旅游产品数量
F2	主题旅游收客人数
F3	主题旅游营业额
F4	主题旅游总利润
市场营销工作指标	
G1	市场营销费用
G2	同业客户拜访数量
G3	企事业客户拜访数量
G4	电话拜访总数

续 表

人力资源工作指标	
H1	人员数量及素质
H2	员工学历结构
H3	培训科目、时数、人员

该企业结合自己批发商的企业定位，将企业经营目标首先按照业务收入和营业费用进行了细分，然后又分解了企业的分销网络建设指标、旅游专线批发指标、主题旅游产品设计及销售指标、市场营销工作指标、人力资源工作指标。这一措施紧密结合了企业的业务实践，对广大旅行社企业结合自己的业务实践进行指标分解，有一定借鉴作用。

三、经营计划实施与控制

旅行社经营计划的实施与控制，主要有下达落实经营计划、组织实施、检查、反馈与控制、总结等四项具体工作。旅行社经营计划实施与控制的过程可以遵循“戴明循环管理法”。

戴明循环管理法又称 PDCA 计划循环法。PDCA 是英文 Plan（计划）、Do（执行）、Check（检查）、Action（总结处理）四个词的缩写。它的基本原理是做任何一项工作，首先要有个设想，根据设想提出一个计划，然后根据计划规定去执行、检查和总结，最后通过工作循环，一步一步地提高水平，使工作越做越好。

（一）归口管理，落实计划

旅行社计划制订后，加强计划实施过程中的归口管理，是实现计划目标的根本途径。计划管理主要有以下几种方法。

1. 全程控制法

企业计划的制订，仅仅是计划工作整个过程的开始。计划制订后的关键是执行和控制。控制的重点应该放在：一是通过思想政治教育，把旅行社全体员工的心凝聚起来，围绕企业计划这个共同的奋斗目标，正确处理好国家、集体、个人三者的利害关系，这是创造效益的无穷力量。二是通过健全企业各项规章制度，把员工的工作规范、行为规范都纳入计划所需的轨道，严格做到企业规范要求。三是通过计划管理与经济责任制的紧密结合，把分解到各个部门和个人的企业总体目标，层层以经济责任制度保证企业总体计划的实现。四是通过会议汇报研究、现场视察指导和反馈信息等控制手段，及时掌握计划实施的进程，并对计划执行中出现的问题及时予以解决。

2. 定额管理

旅行社计划管理中所实行的定额，亦即计划定额，是指在一定条件下所投入的人力、物力、财力和消耗上所规定的数额和标准。这是计划管理中十分重要的基础工作。旅行社定额的名目，有投入服务的劳动定额，有服务质量的达标定额，有各种物资的消耗定额，有营业收入款项定期到位定额等。企业的总体计划目标确定后，必须层层实施分解后的总体计划，量化定额到各个部门。计划实施的整个过程，就是对量化定额随时进行检查，加以督促的过程。定额管理是保证总体计划实现的一个重要措施。

3. 比例确定法

旅行社计划的接待人数、营业收入和利润收益等指标之间一般是成一定比例的。根据这个比例，可以随时从统计数字中了解到哪些部门的发展比例是正常的，哪些部门、哪些地方失常了，可以及时注意纠偏。比例法是企业计划完整实施的一个保证。

4. 原始记录和定期统计报表工作

旅行社各项业务活动都应该按规定做好原始资料记录工作，这是统计工作的基础和依据。统计报表工作是一定时间内对各项经营服务在数量上的综合计算工作，它形成的报表是经营服务的重要信息反馈，是领导者调节、指导和控制计划实施的重要依据。原始记录和统计报表应该做到完全真实性和高度准确性，违反这个要求，必然给领导者决策带来严重的后果。

（二）健全规章制度，保证计划实施

旅行社计划的完成，必须依靠各项规章制度来保证。旅行社保障计划实施的规章制度一般分为考勤制度、定额管理制度、劳动管理制度、责任考核制度、成绩评估制度、奖惩制度、统计分析制度等。这些制度的制定和完善是用于保证计划的执行。计划的执行是计划管理的主体，这关系到旅行社制订的经营目标和计划的实现。旅行社计划经职工代表大会讨论通过后，要按职能和业务部门的分工将各项计划指标逐级落实到各执行部门和个人，并要求执行部门和个人都要制定出完成计划的具体有效措施，把计划变成每个职工的行动纲领和奋斗目标。在计划执行中，旅行社的各级管理者要用细致的思想工作和强有力的组织措施来保证各项制度的落实，真正使制度起到计划执行的保证作用，同时还要把执行部门和个人的责、权、利结合起来，运用经济杠杆充分调动广大职工的积极性、主动性和创造性，推动各项计划指标的完成。旅行社各部门应该建立健全的规章制度，主要内容如下文所示。

1. 人事教育部

（1）组织人事方面：① 制订组织人事工作计划并组织实施；② 合理调整职工队伍的人员结构；③ 建立、健全员工的考勤、考核、聘任、晋升、奖惩制度；④ 建立干部考绩档案，对不称职的干部及时调整。

（2）教育培训方面：① 建立岗前职业教育制度；② 制定岗前职业教育内容；③ 分部门开展上岗前的业务培训；④ 新进人员由老同志带教实习，合格上岗；⑤ 淡季培训安排；⑥ 业余（兼职）导游招聘考核；⑦ 技术工种培训；⑧ 建立干部专业知识更新考核档案；⑨ 高层次领导的全面培训。

2. 销售部

（1）确定营销人员的职责：广告宣传、咨询接待、业务洽谈等。

(2) 营销人员必须掌握的业务技能：了解各条线路、景点、餐饮、住宿、交通和风土人情。

(3) 加强横向关系的交流，及时掌握最新信息。

(4) 完善专线产品，扩大新的旅游线路。

(5) 对海外、外地客户的咨询、报价必须24小时内给予回答。

(6) 协助财务做好收款工作，必须一团一清，杜绝欠款现象。

3. 接待部

(1) 确定接待人员的主要职责。

(2) 制定工作程序及服务规范。

(3) 树立服务意识，奉行宾客至上、信誉第一的宗旨。

(4) 根据销售部及横向旅行社的计划，做好各接待人员的协调工作，做到工作无差错。

(5) 团队结束后，团队资料集中归档。

4. 质量监督部

(1) 强化质量反馈，做到每团必访。

(2) 质量部门按每个团队上门质访或发函征求服务质量意见。

(3) 召开服务质量座谈会，请主要客户代表定期参加。

(4) 质检部门派员工跟团质量访问，一般在团队离开出发点时访问领队和部分游客，实地采录第一手服务质量情况。

(5) 每周、每旬或每月出一期质量周报，将所有国际、国内团队中游客的意见反馈详细记载下来，建立文字档案，分送有关领导。

(6) 建立员工服务质量档案，按照每团反映出的正反两方面的情况归到每个人的服务质量档案，并定期打印出来，由总经理签署意见，及时与导游及接待人员见面。

5. 财务部

(1) 会计工作岗位责任制。

(2) 出纳岗位责任制。

(3) 现金管理制度。

(4) 对银行业务管理制度。

(5) 资金管理制度。

(6) 发票管理制度。

(7) 会计档案保管制度。

（三）监督计划的实施

旅行社对计划实施进行检查，监督是计划管理的职能之一，是全面计划管理的重要组成部分。它是检查各项工作是否符合计划规定的要求和目标，并可及时采取有效措施，保证计划工作顺利进行的重要保证。通过对计划执行情况的检查与监督，管理人员可以对计划执行情况进行评比、总结,并交流工作中的经验教训,同时还可以判断计划是否符合实际情况,成为以后调整和修改的一项依据。监督计划实施最好的方法就是检查计划执行是否按规定的时间完成、完成的质量如何,检查各项计划指标和历史同期相比较及其增减原因、计划执行中是否采取过有效的措施以及所取得的效果。检查的方法也可以通过以下各种形式。

1. 会议检查

通过定期或不定期召开的各种会议,了解质量管理部门的工作情况,或不定期地召开各类座谈会,听取来自客户的意见,研究分析计划的执行情况和存在的问题,及时解决执行计划中所出现的问题。

2. 现场检查

旅行社质量管理人员对现场的工作活动进行直接的检查和监督,直接听取客人意见,这样能真实、直接地了解计划的执行情况和存在的问题。一旦发现偏差或发现不符合计划要求时,能立即采取措施纠正偏差。现场检查人员必须具有相应的权力和责任,以达到检查的目的。

3. 统计报表检查

这是指企业通过各种统计报表进行监督、检查计划的执行情况的方法。这种检查方法是用资料准确地反映计划执行的进度。

以上所有计划检查的情况都需形成文字,写出检查报告。这样旅行社的计划通过执行、检查和总结,就能顺利地达到预定的目标,同时也进一步提高了旅行社的计划管理水平。

课程思政重点

大局观念

大局观念要求从整体、全局出发对事态进行综合考量和谋划,要求做到认清大局、看透大局、服务大局、贡献大局,有战略意识。对于旅行社来说,管理人员和工作人员都应当具备大局观念,“把工作放到全局中去思考、定位和摆布,正确处理好局部和全局、当前和长远、重点和非重点的关系”。

随着旅游信息化和网络化的发展,旅行社作为游客和旅游景点传统的连接渠道,在市场中的长远发展就需要以大局观念为指导,制定并实施科学、合适的管理战略。首先,传统旅行社要高度重视互联网在旅游产业链中的重塑作用,借助互联网去拓宽旅游产品的覆盖区域,推动产品营销渠道的多元化。而随着自由行的流行,旅行社应当顺应趋势重视个性化旅游产品的定制,向旅游者展示自身的专业性。其次,应当改善旅行社产品服务,产品是旅行社的核心竞争力,应当结合旅游市场的发展趋势,强化产品设计的科学性,加强风险控制;同时,坚持人性化的服务理念,不断提升服务质量,秉承客户至上理念。最后，旅行社从业人员应当具备互联网思维，从宏观的时代背景出发，优化岗位工作，推动旅行社战略目标转型的实现。对产品设计人员、销售人员等进行常态性的网络教育，并且将互联网思维培养融入工作岗位中，以网络信息时代的特点和要求为前提进行岗位优化、发展的依据之一。

在线学习

关键词点击　　知识链接　　案例分享　　线上练习

工作评估表

等级 标准	优秀	良好	及格	不及格
旅行社战略环境分析准确				
旅行社战略目标科学				
旅行社战略制定与选择科学				
旅行社战略能较好落实				
旅行社经营计划编订合理				
旅行社经营计划较好落实				
团队精神				
工作态度				
创新能力				

续　表

标准＼等级	优　秀	良　好	及　格	不及格
总体评价				
自我总结				

拓展实践

调查了解你所熟悉的一家旅行社，为其制订科学合理的旅行社经营战略和为期一年的旅行社经营计划。

主要参考文献

1. 第十二届全国人民代表大会常务委员会第二次会议.中华人民共和国旅游法[Z].2013.

2. 陈小春.旅行社管理学[M].北京：中国旅游出版社，2003.

3. 朴松爱，吴鸣岐.旅行社管理[M].北京：中国旅游出版社，2007.

4. 国家旅游局人事劳动教育司.旅行社经营管理[M].北京：旅游教育出版社，2006.

5. 吕文强.企业形象设计[M].南京：江苏美术出版社，1994.

6. 朱立.品牌管理[M].北京：高等教育出版社，2008.

旅 行 社 经 营 管 理 实 务

模块二

旅行社产品开发

张 骏 董红艳 主编

南京大学出版社

内容简释

由于界定方式的不同，对旅行社产品的概念有不同的解释。本项目所指的旅行社产品是旅行社以满足游客需求为目的，对旅游景点、交通、住宿、餐饮、购物、娱乐等项目进行设计组合，以旅游线路形式提供给旅游者的产品。根据旅游产品的服务对象、主体等不同，可以划分为大众旅游产品、定制旅游产品、会展旅游产品、研学旅游产品、红色旅游产品等不同形态。

本模块依据旅行社产品的设计过程，阐述如何调研旅游市场，根据旅游市场的需求针对性的设计常规旅行社产品，以及研学、红色、会展等特色旅游产品，并以合理的形态向市场推出。在内容阐述中融入红色精神、环保意识、实事求是的要求等课程思政内容。

能力目标

1. 能够调研旅游市场、分析旅游需求。
2. 能够科学设计旅行社产品。
3. 能够合理设计旅行社产品的面市形态。
4. 能够理解并践行实事求是，诚实守信的要求，树立文化自信，建立生态环保意识等。

项目分解

项目一　调研旅游市场

项目二　常规旅行社产品开发

项目三　主题旅行社产品开发

项目四　旅行社产品面市形态

目　录

信息化资源目录

续　表

项　目	信息化资源	页　码
项目四　旅行社产品面市形态	**配套微课：** 设计旅行社产品面市形态	43
	关键词点击： 旅行社责任险、旅游意外险 落地签证、免签	41
	在线学习： 知识链接 案例分享 线上练习	

项目一

调研旅游市场

配套微课

调研旅游市场就是运用科学的方法和手段,有目的地针对旅游市场需求的数量、结构特点等信息,以及变化趋势所进行的调查与研究。通过对调研结果的分析,了解现实旅游市场和潜在旅游市场,对旅行社未来的产品决策提供指导。具体包括以下任务:

任务 1.1　确定市场调研目标

任务 1.2　选择市场调研方法

任务 1.3　开展市场调研

任务 1.4　分析调研结果

任务 1.1　确定市场调研目标

确定明确的调研目标是旅游市场调研的前提和基础。旅行社在旅游市场调研之初首先需要明确调研目标,才能有针对性地开展市场调研。一般而言,旅行社关于产品开发的市场调研主要围绕以下几个方面的目标进行,旅行社工作人员可视具体情况有侧重地加以选择。

一、旅游市场需求信息

旅游需求是指旅游消费者在一定时间内和一定的价格水平下愿意并且能够购买的旅游产品。在市场导向的产品开发理念下,旅游市场需求信息决定着旅行社产品开发的方向。

旅游市场需求信息调查的主要内容包括旅游者对目的地的偏好、对交通工具与住宿设施的选择、假期的长短以及度假的方式等。

不同旅游者在不同时期对目的地的选择会有所不同,一般受到旅游消费时尚、旅游者的消费能力等因素的影响。随着个性化消费趋势的兴起,研学旅游、红色旅游、乡村旅游等主题性、参与性强的旅游方式逐渐受到旅游者的欢迎。

不同类型的旅游者对旅游产品需求的侧重点也是不同的。观光旅游者希望产品种类丰富，经济实惠。度假旅游者对产品环境要求比较高，希望能够通过旅行放松心情。商务旅游者更倾向于选择快捷、高品质的旅游产品等。

二、旅游市场供给信息

旅游市场供给信息包括旅游目的地旅游吸引物、旅游设施、旅游服务、可进入性、旅游产品价格水平等。

旅游吸引物是吸引旅游者前往旅游目的地的决定性因素之一，是旅行社产品开发所依托的首要因素，并且直接决定了产品类型。比如，海南三亚灿烂的阳光、明净的海水和美丽的海滩使其有足够的自然资源吸引度假旅游者前往旅游。

旅游设施的数量和质量直接制约着旅行社产品的开发。旅游设施的构成要素主要包括旅游住宿设施、交通设施、餐饮设施、景区景点设施和各项文体活动设施等，集中体现了旅游地的供给能力。

旅游服务包括当地旅行社人员的服务、餐饮及住宿企业的服务等。服务人员的服务水平是服务质量最敏感的标志。

可进入性是指旅游者进入旅游目的地的难易程度。它影响旅游者到达目的地的成本和便捷性，主要包括政府的法律法规、交通通信条件、出入境手续、旅游经营状况和旅游地的社会承载力等。

旅游产品价格是旅游者选择旅行社产品时考虑的重要因素，有时甚至可以成为决定性因素。旅行社产品的价格受淡旺季、当地物价水平、汇率变化等因素的影响。

三、竞争对手信息

知己知彼，百战不殆。旅行社为了在竞争中能够取胜，必须密切关注竞争对手的信息，具体包括竞争对手的经营实力、经营战略、产品信息、价格信息、促销信息等。

四、旅游市场环境信息

影响旅行社产品设计与生产的外部因素包括社会、政治和经济状况等。旅行社对市场环境进行分析有助于明确现在的发展特点与未来的发展趋势，找出现在与潜在的问题，以确定未来的发展目标。

旅游市场调研的目标一旦确定，下面的调研过程就要围绕这一目标开展，目标正确就为产品开发工作奠定了基础，否则调研工作就失去了意义。

任务 1.2 选择市场调研方法

针对旅行社产品开发的旅游市场调研，主要有四种方法可供选择，即文案调查法、询问法、观察法和实验法。产品开发人员需要根据调研目标和旅行社自身情况加以选择，在保证调研科学性的同时注意成本的控制。

一、文案调查法

文案调查法就是通过收集各种旅游统计资料，从中提取与产品开发相关的信息，再对这些信息进行统计分析的一种调查方法。这一方法的优点在于：花费的时间少，费用不高，能够提供广泛的信息。

文案调查法主要有三种方法：文献资料筛选法、剪辑分析法、情报网络法。

文案调查法的信息来源主要有：国家机关公布的有关资料，旅游行业协会的资料，新闻媒介、书籍、旅游年鉴提供的资料，研究机构、专业情报机构、咨询机构提供的资料和研究结果以及企业内部积累的资料等。

二、询问法

询问法是指调研人员以口头或书面询问被调查者的方式收集有关信息的一种方法。依据与被调查者的接触方式，询问法又可分成以下几种形式。

（一）面谈式询问

面谈式询问是指调研人员直接当面访问被调查者以获取有关信息的方法。该方法经常被使用，其具体形式有个别交谈、小组交谈，也有一次性面谈或多次面谈等。面谈式调查法的优点在于：能直接获取被调查者的意见，得到第一手的真实资料，方式灵活，启发性好。该方法可以针对不同的调查者采取不同的询问法。该方法的缺点是：调查的时间长、费用大，因而调查的成本高；调查结论受调查者和被调查者的主观因素影响比较大。

（二）电话式询问

所谓电话式询问是指调研人员根据抽样要求，选取样本，用电话询问被调查者，以此获取有关信息的方法。该种方法的优点是：获取信息的速度快、经济、省时。它适用于那些工作繁忙，不愿接待来访者的被调查者。由于被调查者不受调查人员在场的心理拘束，对于那些当面不便回答的敏感问题，不失为一种好的调查方法。该种方法的缺点是：电话询问受电话时间的限制，提问不能太多，不能做深入的交谈，因此，很难判断所得信息的真实性。

（三）邮寄式询问

所谓邮寄式询问是指调研人员将设计好的调查表邮寄给被调查者，请他们根据要求填写调查表，填好后按时寄回的一种获取有关信息的方法。该种方法的优点是：调查面广、成本低；可以避免调查人员的主观偏见；被调查者有思考、讨论的余地，较适合敏感性问题的调查。其缺点表现在：问卷回收率低，信息反馈时间长，代表性和准确性难以把握，只适用于有一定文化程度的调查对象和简单、易于回答的问题的调查。

(四) 留置式问卷调查法

留置式问卷调查法是指调研人员把调查表送交被调查者,请他们填写,再定期收回填写好的调查表,由此而获取有关信息的方法。留置式问卷调查法可以避免邮寄式询问回复率低的缺点,还可以克服面谈式的某些不足之处。

三、观察法

所谓观察法是指调研人员在现场观察具体事物和现象的一种收集资料的方法。该方法的主要优点是:由于被调查者处于"无意识状态",被调查者没有感觉到自己正在被调查,没有相互交流,没有个人主观影响,因而所取得的资料真实性较高。该方法的不足之处在于:观察所需时间较长,并且只能观察到表面的信息,而很难了解其内在原因。

观察法一般可以分为以下四种:

(一) 亲身经历法

调研人员通过亲自参与旅游活动而获取旅游市场信息的一种调查方法。

(二) 直接观察法

调研人员亲自或派人到现场观察调查对象,以此获取有关旅游市场信息的一种调查方法。

(三) 行为记录法

调研人员用特定的装置在调查现场记录被调查对象在一定时间内的有关行为的调查方法。

(四) 痕迹观察法

调研人员通过观察调查对象所留下的痕迹来收集有关旅游市场信息的调查方法。

四、实验法

所谓实验法是指调研人员通过特定的小规模试验以获取相关信息的一种方法。实验法来源于自然科学中的实验求证原理,它通过小规模的营销活动的实验来测试某一产品的效果,以决定是否要进行推广。实验法的具体做法是从影响调查对象的众多元素中,选择一个或几个因素作为自变量,研究这些变量对旅游企业营销问题的影响。常用的实验法有两种。

(一) 实验室实验

实验室实验即实验在特定控制的环境下进行,这种方法常用于传播媒体的选择和广告效果的研究。

(二) 现场实验

现场实验就是在市场上进行小范围的实验,即把旅游新产品先投放到有代表性的旅游市场进行试销,由此了解旅游消费者的反应,收集相关的信息资料,再进行分析、预测,最后决定是否进行全面推广。

任务1.3 开展市场调研

旅行社工作人员开展市场调研的过程是根据调研的目标,采用已决定的调研方法进行具体资料收集的工作,具体而言,可依循以下步骤加以实施。

一、调研督导员和调研员开协调会议

将调研目的、调研方法、问题事项、调研问卷回收时间等做好协商,并协调各项调查,部署统一行动。

二、对调研员的要求

(一) 调研员应熟悉问题的顺序,并对内容做深刻理解。

(二) 调研员应研究调研地区的地图、交通工具、调研对象的作息时间安排,以便做到花最少的费用、最少的时间和精力,而收获最大的成效。

(三) 调研员应准备好调研用的物品,如笔、笔记本、调研问卷、分发给被调查者的小礼物等。

三、调研活动正式实施

调研活动的实施要领有以下几种。

(一) 接近方法

1. 与被调研对象接触时,要保持礼貌尊重的态度,不能像是在审讯一样地问问题。

2. 要考虑初见面的问候,给人好的第一印象,并有自信。

3. 被调研者中有配合的,也有不配合的甚至反对排斥的人,调研员要随机应变,才能将调研工作做好。

(二) 问问题的方式

1. 调研员不对问题的内容做解释说明。

2. 按问卷设计的问题顺序发问。

3. 问题以外的事项不做交谈。

4. 如果对方说得太离题，注意说话技巧，将其拉回主题。

5. 不和对方争论。

6. 如果是对问题做了不适当的回答，自己应判断其说话的态度、真实性等，而移向下一个问题。

7. 如果是使用卡片，在对方书写时不可凝视，使对方能在正常情况下完成答卷，并且将时间定在10分钟左右。

(三) 记录的处理

1. 一般来说当自己的回答被记录时，回答都会比较慎重，甚至不愿回答，所以调研员应向对方说明回答是绝对保密的，以取得其理解。

2. 如果因书面记录拒绝回答，就应该放弃书面记录，采用其他形式。

3. 如果对记录不反对，则可以将问卷拿出，表示调研员不会加入自身意见，而将其回答依样记录。

4. 避免遗漏记录。

5. 被调研者个人的自身事项，如性别、职业种类、年龄、生活水平、家庭关系、教育程度、财产状态等，要做好记录并严守秘密。

6. 调研结束时，占用了对方的宝贵时间，应表示感谢，并表示希望今后仍能得到对方的支持。

7. 依照上列事项，调研大概终了，但调研员的工作并不是到此为止。在当天需做下列的整理：整理回答卷、做回答者的观察记录、整理调研对象表、做当日的报告书。

任务 1.4 分析调研结果

旅游市场调研的结果科学与否直接关系到后期旅行社产品的开发过程，因此对于调研所得信息，旅行社工作人员应加以详尽的分析，并形成书面报告。

一、数据资料汇总、整理、分析

数据资料的整理分析一般采用统计软件 SPSS 等进行，首先进行频数统计。其次可以按某一变量与其他变量进行交叉分组统计。然后进行统计分析。

二、撰写调查报告

市场调查得到的结论要以调查报告的形式加以总结，并提供给决策者。在撰写调查报告时，必须考虑报告提交的对象，对调查结果进行的概括和表达须做到清楚、准确、简明扼要、易懂。

调查报告一般应包括导语、正文、结尾和附录四部分。正文应涉及调研方法、调研结论和建议;附录包括能证实本报告的可靠性而附加的文件。

具体的调研报告结构如下:

扉页:写明报告的题目,编写报告人姓名、接受报告人姓名、调研结束日期和整理调研报告的日期。

目录:目录内容应简明扼要。

内容提要:简单凝练地介绍本次调研情况。

序言:一般说明调研的原因及范围,研究的问题,提出的各种假设和要实现的目的。

调研方法:本次调研运用的调研方法及调研过程。

调研结果:通过调研所获得的具体认识、知识或基本结论。

局限性:由于主、客观条件的限制,本次调研存在的不足之处。

结论和建议:总结调研结果,提出解决问题的方法、对策,或开展下一步工作的建议。

附件:能证实本报告的可靠性而附加的照片、录像、录音、图表、被调查者名单等。

参考文献:撰写报告过程中参考过的文献。

三、反馈跟踪

反馈跟踪即跟踪了解所提出的建议的采用率、执行成效、对调查报告中关键问题深入连续调查。

课程思政重点

实事求是

实事求是指从实际对象出发,探求事物的内部联系及其发展的规律性,认识事物的本质。通常指按照事物的实际情况办事。毛泽东在《改造我们的学习》中指出:“实事”就是客观存在着的一切事物,“是”就是客观事物的内部联系,即规律性;“求”就是我们去研究。毛泽东认为,“是”就是事物的规律,“求是”就是认真追求、研究事物的发展规律,找出周围事物的内部联系,作为我们工作的向导。

习近平总书记指出:坚持实事求是的思想路线,基本要求是做到三个坚持,即坚持一切从实际出发,坚持理论联系实际,坚持在实践中检验和发展真理。这一论断深刻揭示了实事求是的科学内涵和基本要求,体现了实践、认识、再实践、再认识循环往复、无限发展这一认识和把握客观规律的根本途径,是对马克思主义认识论和党建理论的丰富和发展。

旅行社产品开发的市场调研也要遵循“实事求是”的原则,要对旅游需求和供给市场进行全面的审视,研判旅行社产品开发的可能性、必要性和可行性,对开发的思路、途径和方法也要实事求是,客观分析,正确评价,既不能盲目上马,也不能裹足不前。

在线学习

关键词点击　　知识链接　　案例分享　　线上练习

工作评估表

标准＼等级	优　秀	良　好	及　格	不及格
旅游市场调研目标的科学性				
市场调研方法选择的合理性				
市场调研活动的开展过程				
调研结果的全面性、科学性				
调研报告的规范性				
团队精神				
工作态度				
创新能力				
总体评价				
自我总结				

拓展实践

请根据自己所在城市或者自己感兴趣的旅游目的地的特点，设计调查问卷，了解旅游者对于这一城市的旅游评价和旅游需求。

项目二

常规旅行社产品开发

配套微课

常规旅行社产品是指目前市场上较为常见，也较为成熟的全包价旅游产品以及自由行旅游产品。通过本部分内容的学习，要求学生能准备旅行社产品开发的相关资料，能进行富有创意且具有实际操作性的产品策划工作。具体包括以下任务：

任务 2.1　准备产品开发资料

任务 2.2　策划旅游产品

任务 2.3　全包价旅游产品开发

任务 2.4　自由行旅游产品开发

任务 2.1　准备产品开发资料

产品制作、线路编排具体实施阶段的首要步骤是进行资讯准备。目的地概况、各类相关介绍以及对目的地的评价文章等，都可以视为是对产品设计有用的参考资料。其他旅行社的现成产品在资料收集中也十分有用，但应该仅仅用做参考，而不是不做区分地直接采用。

需要特别提醒的是，在对资料进行采信之前，需要对涉及的内容进行再核实。许多网站和出版物中，都存有一些不准确的信息。在地名的翻译和使用上，要尽量采用国家地图出版部门统一的译名。曾有这样的事情发生，一个埃及城市的地名，在三家经营埃及旅游的旅行社中出现了三个各行其是的译法。

一些小的城市资讯，在产品设计时更不应当忽略。因为，游客对新的目的地国家的熟悉，往往仅局限在几个最有名的城市。仍以埃及为例，对参加埃及游的游客的调查表明，绝大多数人对埃及首都开罗最为熟悉，对亚历山大、卢克索的熟悉程度就已经大大降低，而对阿斯旺、库姆贝这些城市则几乎是完全陌生。

参考或借鉴其他旅行社的成型产品，是部分旅行社常常采取的方式。尤其是在经营出国游业务的旅行社中，将产品开发制作的前期投入省却，从其他旅行社拿来现成的产品直接就卖的现象更多。一些线路产品的所谓开发过程，是发传真从境外旅行社那里要来的线路产品，然后照方抓药，比着葫芦画瓢；更有甚者，则干脆原封不动拿来别家的产品换上自己的标签，直接投放市场。

这种对产品的全面抄袭借用，其实会有很大的风险隐含其中。其风险表现为：

1. 无法了解该线路产品最初编创的原因。

2. 无法完美体现原有产品的特色。

3. 受原创产品旅行社的局限和束缚。

对于设计新的产品，尤其是涉及一个新的国家、新的线路、新的特色的旅游产品，实地考察不是可有可无，而是必须要有。在考察中所发现的问题，在办公室是无论如何也想不出来的。

实地考察期间，应要求参加考察的人员，时时以旅行社与游客的双重身份出现，常常从两种角度审视周围的一切。

1. 旅行社的角度

考察人员既然是一家旅游公司派出的专业线路制作人员，那就必须时刻以旅行社专业眼光，对考察期间的所见所闻进行观察、分析、记录，不妨要用挑剔的眼光，冷静地从纯客观的角度去发现问题，不时进行常规或非常规的提问。对考察中发现的问题及解决问题的过程进行评价，并认真做好记录。每天的考察工作开始前，都要对当日的考察内容进行温习，对下榻饭店、用餐餐厅、景点名称、经过线路的名称做到心中有数，以便导游讲解中提及时不感到突然和陌生。在每天的考察结束后，都应对当日的考察情况进行一次全面整理。对餐食质量、景点精彩度及路况等涉及旅游行程的各类细项内容，均应进行翔实记录。

2. 初访客的角度

考察过程中，要求考察人员也能时时从一名初次探访的游客的角度，来进行实地观察和体验。这种心情体验，要求考察者必须始终处在一种非功利的状态。与从旅行社专业考察角度的冷静的出发点恰好相反，在这里要求考察者不再是冰冷，而是热情。在一种对美的欣赏、美的感动的想象中，去拥抱客观世界。与此同时，要将最初的未加取舍的、能打动自己、感受最明显的苦与乐的感觉捕捉下来，原原本本地进行翔实记录。什么地方能使人兴奋、什么地方美不胜收，这些细微之处，往往在日后的“人性化”线路设计中必不可少，常常会发挥出意想不到的作用。

实地考察阶段，要对目的地构成旅游六要素的食、住、行、游、购、娱进行全方位的考察，如餐食卫生状况是否适合游客的口味，住宿饭店的级别如何，是否能为客人提供开水，路况、车况如何，行程是否过长，景点是否精彩、安排是否合理，购物质量如何，是否安排太多，娱乐节目是否符合法规要求，收费是否太高，等等。在一次全方位的考察中，要珍惜机会、掌握要领，力求在最短的时间里获取最大的收益。

任务 2.2　策划旅游产品

一、寻求产品创意

新产品开发过程从寻求创意开始。所谓创意，就是开发新产品的设想。虽然并不是所有的设想或创意都能变成产品，但尽可能多的创意却可以为开发新产品提供更多机会。因此，大多数企业都非常重视创意的发掘。旅行社产品创意主要有以下几种途径。

1. 投诉问题分析法

旅游消费者是产品信息的最好来源，而产品若被旅游者投诉则说明产品肯定存在问题，需要改进。分析这些投诉，经过综合整理，最后则可转化为创意。例如，国庆节期间，某旅行社推出北京双飞四日游产品。在促销期间，一些旅游消费者要求旅行社在行程中增加参观天安门升国旗的项目。产品设计部人员经过进一步调查，采纳了这个建议。结果，该产品受到了旅游消费者的高度认同。

2. 内部人员会议法

召集旅行社相关人员，如导游、组团部工作人员等围绕某个问题，各抒己见，从中激发灵感、激发创意。

3. 旅游中间商、代理商提供法

旅游中间商、代理商与旅游消费者直接接触，他们最了解消费者的行为和心理，同时对竞争对手也比较了解，来源于他们的创意往往是最佳的。

4. 头脑风暴法

该方法是把不同岗位、不同职务、不同部门甚至完全不相关的行业的专家或人员召集起来，如媒体工作人员、学校教师等，围绕某一个主题没有限制地各抒己见，在思想的相互激荡中，寻求新产品设计的灵感。头脑风暴法要求主持者有高度的把握会议的能力，成员对彼此的观点不作评价，更多的只是表达自己的观点。而产品设计者的任务是通过听取他人的发言，遴选出对产品设计有价值的建议。

来自社会的各个方面信息，都能提供给我们许多畅想的机会。旅行社的视野，应该在缤纷的世界中展得更开。

二、抓住市场热点

好的产品需要好的策划，而好的策划则离不开大胆的畅想。创造性的思维，在产品策划中的重要性，无论怎样强调，都不会过分。

有些时候，当产品中一些构成因素对产品的存在形成威胁的时候，反其道而行的新产品，则会形成新的市场吸引力。一个时期以来，旅游团中的购物安排与否就体现了这样的变化。购物本来是旅游活动中的一项正常安排，但在旅游团的实际运行中，购物却常常因为被扭曲操作，而引发客人的极大反感。当游客意识到旅游期间的购物会挤压正常游览时间，得不偿失的时候，其购买旅行社产品的信心将会丧失。因而，某些情况下，只有果断减少或取消旅游团的购物安排，提高旅游服务质量，树立独特的值得游客信赖的产品形象，才是打破这一消费心理障碍的有效途径。“无购物”的承诺，就会成为产品的一项推销特色。一家旅行社的“海南椰岛风韵纯玩团”产品，在广告中特别注释“本团无购物安排”，很快就在市场中形成了一个新的卖点，受到以往随团深受购物所累游客的欢迎。

三、创造市场热点

如果说找寻市场热点，受制于其他因素，尚存被动的成分的话，那么，制造市场热点，则是旅行社主动出击的表现。

制造热点，是吸引人们广泛关注、聚拢人气的重要方式。目前，能够聚拢人气的媒介场所无过于互联网络，我们不妨来看看互联网的网站上，为聚拢人气都采取了怎样一些措施。

名人在线访谈：请明星或名人做客网站，与网友即时交流；

主题讨论：针对当前社会关注问题进行讨论；

新闻 BBS：网友可随意对刚刚发生的新闻发表评论；

网上 QQ：网友即时在网络上针对感兴趣的话题聊天；

图文直播：体育比赛较为常用；

邀请名人开通博客：以日常私人日记形式拉近名人与普通人的距离。

各家门户网站中对网络表达形式的综合采用，显示了网络的独有特色。丰富的栏目和内容吸引了网民的点击率，从而使得互联网人气飙升。由此，可以学到的经验是，产品在以新的形式导入后，往往会更容易形成聚拢人气的热点。

旅游的发展，其实就是在不断制造热点、吸引游客关注的进程之中。

近年来，旅游所制造的热点吸引更是比比皆是。旅行社创造出的新概念、推出的新玩法，吸引了许多游客竞相追逐。在旅游部门及旅行社的大力推动下，许多新的旅游概念、新的旅游形象已经深入人心。乃至今天一提起“奇山异水”，人们马上就会联想到张家界；一提起九寨沟，人们又马上就会联想到“童话世界”的美誉。而“秦唐看西安、明清看北京、两汉看徐州”的宣传，不仅是产生魅力之源，更是产生吸引力的基础。

制造市场热点，也有“雅”与“俗”之分。雅致、优美的产品是旅行社的立身之本，而低俗产品、趣味不高的产品，不但不会形成市场热点，而且有可能会让客人鄙夷，影响旅行社的形象。

任务 2.3 全包价旅游产品开发

一、全包价旅游产品的内涵和特点

全包价旅游产品是指旅游者在旅游活动开始前就将食、住、行、游、购、娱等旅游服务全部委托给一家旅行社，由旅行社根据旅行合同的约定，为旅游者安排旅游行程。全包价旅游产品是我国旅行社产品中最普遍的一种形式。

对于旅游者来说，全包价旅游产品的价格较为优惠，而且由于旅行社提供了全部的旅游服务，旅游者在旅途中不用担心各种烦琐的手续。但是，全包价旅游产品意味着旅游者要服从已有的旅游行程，而不得不放弃自己的个性。

对于旅行社而言，全包价旅游产品的预订周期较长，易于操作，而且大批量购买可以降低经营成本。

二、全包价旅游产品的开发

根据游客出游目的的不同，全包价旅游产品包括观光游览型旅游产品、休闲度假型旅游产品、商务型旅游产品、事件型旅游产品等。不同类型的旅行社产品在策划创意时有不同的侧重点和各自独特的要求，需要旅行社产品开发人员予以充分的重视。

(一) 观光游览型旅游产品设计的思路

1. 产品设计从观光游览对象的价值性着手

旅游产品消费者在选择旅游线路的过程中，通常首先考虑的是旅游线路中的景点数量多少，其次考虑别的接待因素。如果旅游消费者在完成所有的参观游览行程后觉得“质价不符”，并最终形成对该产品的不良评价，这种不良评价将通过“晕轮效应”和“社会效应”影响该旅行社别的产品的推介和此产品的继续扩大销售。因此，旅行社在设计该类型的产品时，就要大胆地打破常规的思维模式，摒弃以往不合时宜的设计思路，要抓住旅游消费者的消费心理，也要考虑产品所推介的观光游览对象的内在价值。旅行社只有积极推介那些确有观光价值的游览对象，才会赢得旅游消费者对此旅游产品的认可。

2. 产品设计要努力刺激旅游消费者的二次消费欲望

旅游产品设计的大忌之一就是将某旅游目的地的所有标志性参观游览对象全部涵盖。善于进行产品设计的旅行社，应该在产品设计开发过程中，给予该产品一定的“回味”，即在产品内涉及众所周知的经典景点，对于那些消费者未必了解的标志景点，可以在旅游目的地通过导游的讲解，引起对该景点的向往，产生新的“求新、求奇、求知”心理，从而促使其产生到该旅游目的地进行二次观光的动机，刺激其进行二次消费。

3. 产品设计应加大旅游消费者的主动参与性

惯例性的旅游产品对旅游消费者而言，是种被动性的消费产品，难以在旅游消费者和旅行社之间产生互动，更难以在消费者群体之间产生共鸣。在激烈竞争的旅游产品市场中，旅行社要积极主动地把握市场先机，不是依靠自身力量就可以实现的，关键是要借助旅游消费者的社会力量。为此，旅行社提高产品的社会吸引力和社会认可度就显得异常重要，而产品的社会吸引力和社会认可度主要来自旅行社对旅游消费者主动参与性的尊重，要在旅游产品开发中贯彻“游客至上，游客为本”的服务观，积极拓展能够吸引游客主动参与的项目。

4. 产品设计须考虑旅游目的地的综合条件

旅游目的地的综合条件主要是指除参观考察对象之外的其他所有的接待条件和社会条件，它是旅行社产品设计中不可忽视的一部分。旅行社在选择产品开发对象(旅游目的地)时，必须要对该地区的可进入性、服务设施状况、社会治安条件等做出仔细、系统的分析，切实保证游客能够在旅游目的地安全、顺利地进行参观游览活动。

(二) 休闲度假型旅游产品设计的思路

1. 产品设计要重视旅游目的地的选择

旅游目的地是度假休闲旅游产品设计首要考虑的问题。一个能够吸引旅游消费者的旅游目的地可以使得产品在面市之后迅速得以销售，并且在销售过程中能够不断检验产品设计的完整性，从而促使该产品日益完善，提高其在同类产品中的竞争力。在旅游目的地的选择上，要选择自然环境优美静谧，区位条件优越，交通便利，可进入性强，具备良好的住宿设施和健身娱乐设施且接待服务水平高的地区作为开发对象。

2. 产品设计要精心挑选活动项目

活动项目直接关系着旅游产品的丰富性以及对消费者的吸引力。在度假休闲旅游产品中只要安排旅游目的地的部分标志性景点，不宜安排过多的旅游参观景点，要将此产品与传统的观光游览产品明确区分，不要将其导向观光型产品，要注重产品的度假性和休闲性；为了丰富产品，在产品设计中要根据旅游休闲目的地的有利条件开展一些具有地方特色的活动，调动消费者的主动参与性，加强消费者对产品的深层次体验。

3. 产品设计要灵活多变

度假休闲旅游产品的度假属性，要求旅行社应该以消费者为中心。旅行社在进行产品设计时，应该因地制宜，根据消费者的假期时间合理地进行规划，努力使产品在整体上丰满，且要使消费者劳逸结合、劳逸适度。针对消费时间的长短，适当安排观光景点。

度假休闲旅游产品的消费形式以散客为主的特点，决定了旅行社在设计产品时，要以散客旅游的操作流程来指导。根据实际情况，可以开展自驾游，即旅行社为产品消费者提供代订度假地宾馆、度假地餐饮、度假地休闲娱乐场所等旅游单向服务；亦可开展房车游，即旅行社为那些假期长，要求进行长途度假的消费者，以房车为旅游交通工具，以边行边游为方式，并最终到达以度假地度假而设计的专项产品。

4. 产品设计标准要高

度假休闲旅游产品的休闲属性，决定了产品是以使消费者得到休闲、放松为目的。旅行社要满足消费者的高端消费心理，应重视产品服务与接待标准。首先，设计人员在进行产品设计时，要和旅行社的采购人员沟通，充分了解、掌握旅游度假休闲目的地接待设施的条件状况与休闲活动的配套设施配置，在熟悉这些基本信息的情况下再开展设计。其次，设计人员应该尽力满足消费者所提出的要求，当消费者的需求没有得到及时满足时会影响其对产品的认可度和满意度，对于确实不能满足的情况要做出细致、耐心的说明和解释。再次，产品的设计方案要留有余地，保证产品在特别时期做出及时细微的变化而不会影响整个产品的消费。最后，产品的设计过程中，设计人员务必始终将人性化服务思想深入其中，在产品中多增加一些人性化的细节服务，如为产品消费者免费代订往返机票、车票，免费提供客房送餐服务，免费提供洗衣、送衣服务等。

（三）商务型旅游产品设计的思路

商务旅游产品是一种市场前景非常光明的产品，且随着商贸全球一体化进程的迅速发展，该产品将会以更快的消费节奏呈现于社会，这给旅行社行业带来了巨大的发展机遇。旅行社若能抓住机遇，会为企业未来的发展开拓更为广阔的空间。

1. 产品设计应当尊重个性化需求

个性化需求是旅游消费者在旅游消费过程中产生的一种心理状态。在时代飞速发展与社会需求进步的今天，旅游者越来越喜欢发扬个性，个性化的旅游产品越来越受到人们的青睐。基于商务旅游产品消费者消费能力较强、对产品价格不太敏感以及商务游客消费结构比较集中、对现代办公设施需求较大的特点，旅行社在设计产品时，要为其提供具有特色或个性化的服务。例如，在酒店住房服务方面，要为其安排可以随时上网的宾馆，以使其能便捷地与外界进行联系；在餐饮服务方面，尽量安排可以提供自助餐服务的餐厅；在大交通安排上，选择飞机等出行工具，减少旅途过程中在旅游交通上所耗费的时间；在景区旅游交通方面，安排一些豪华的商务车型或舒适度高的旅游车；在旅游线路方面，最好能够为其提供多种可供选择的行程安排，给其自由选择的空间；在综合服务方面，能够结合商务游客的身份与消费习惯来规划，等等。

2. 产品设计应当满足集团差旅性需求

商务旅游市场相比于传统旅游市场有很大差异。商务旅游的购买者通常是企业，而消费者却是企业的员工。旅行社在为商务企业提供商务旅游产品时，除了提供代订机票、车票和代订宾馆等旅游单项服务以外，更应当设法满足集团对差旅活动的综合需求。因此，旅行社为商务企业设计商务旅游产品时，在保证旅行社自身经济利益的前提下，要协助商务企业进行集团化的集体采购，降低商务企业的成本开支；要为商务企业制订翔实、切实可行的商务差旅活动计划，充当企业的战略伙伴和差旅顾问；帮助商务企业事前规划所有公务旅行，提出众多可供选择的方案、意见和建议。

3. 产品设计应当注重商务散客性需求

商务旅游市场的一个突出特点——集体采购、个体消费，决定了旅行社在为商务旅游产品的消费者提供服务时要摒弃以往的重团队、轻散客的观念。旅行社的商务旅游产品的个体消费，就单个产品的利润而言不会太高，但由于个体消费的频率比团体消费的频率高出数倍，因此就整体消费看来却是高利润。旅行社行业的“三七定律”（团队旅游只占市场份额的 30%，而占市场 70%份额的却是散客旅游）要求旅行社在商务旅游中也应该更加注重商务散客，对商务散客的消费需求也应及时满足。

4. 产品设计应当适应差异化需求

商务旅游产品的消费者是来自各行各业的、全球各地的商务个体或商务群体。由于行业的差异、消费者的文化水平和个体差异、民族文化背景的差异等，旅行社在设计旅游产品时，要做出适当的差异分析。当前，国际贸易的无国界发展，经济的一体化和全球化给发展国际商务旅游带来了契机，旅行社必须注意到文化差异对商务游客的影响，要为不同文化背景的商务游客提供差异化、具有本土文化气息的商务旅游产品和服务，以充分满足游客的需求。

5. 产品设计应当遵循质优价廉原则

商务旅游产品是一种关联性很强的旅游服务综合体，旅行社在进行产品设计包装前，势必要对各生产要素进行采购，在采购过程中，要积极拓展采购渠道，并针对某一要素进行不同采购渠道的价格与服务对比，做到性价比最优组合。同时，基于商务旅游产品的总体效益比传统旅游产品效益好，必然会吸引众多的旅行社加入商务旅游市场的竞争行列。因而，旅行社在进行产品设计时要始终贯彻质优价廉的产品设计理念，以期获得最大的市场竞争力。

（四）事件型旅游产品设计的思路

1. 制造概念，用于创新

新闻总会发生，视角各有不同，这句新闻节目的广告语应用在事件旅游产品设计中十分贴切。在现实社会中，每天、每个角落都可能发生形形色色的事件，要在纷繁复杂的事件中寻觅商机，旅行社产品设计人员必须具备制造概念的能力，要用敏锐的头脑、独特的视角和快速的反应，从事件中提取对消费者有吸引力的因素，创造性地设计产品。普通的现象如果策划得当，可以变成具有轰动效应的事件。

2. 注重包装，密集推广

由于事件发生具有时间性，旅行社要在极短的时间内抓住机会，设计并销售产品，因而产品的包装非常重要。产品的名称和主题必须使用高度煽情、具有冲击力的语言，快速点燃游客心中的激情和渴望，迅速加入旅游团队中。同时要采用密集推广方式，尽可能在较短时间内让众多潜在游客知晓产品内容，产生旅游动机和旅游行动。

3. 一个主题，多个卖点

每个事件都有鲜明的主题，这既是事件旅游产品的优势，同时也是事件旅游产品的劣势。正因为事件的独特性，使之产生巨大的吸引力，但如果整个活动只有一个主题，过于强调其独特性，又会使产品显得单调，内容不够丰富。求新、求异、求变是人们进行旅游活动的主要目的之一，人们希望在旅游活动中进行多方面的尝试，获得多种体验。即使有了一个很好的创意，如果不能够充分满足旅游者其他方面的心理需求，仍然不能算是一个成功的旅游产品。因此，在设计事件旅游产品时，设计人员要围绕事件主题，附带安排其他一些具有亮点的旅游景区或活动项目，形成一个主题，多个卖点，从而使产品内容丰富多彩，使游客感到旅游价值获得了提升，物超所值。

4. 周密组织，确保安全

事件旅游产品具有很强的时间性，而且事件本身有发生、发展、高潮、尾声等几个阶段，旅游者通常希望能在最高潮的时候亲临事件现场，因此旅行社在开发事件旅游产品时必须考虑时间安排。由于事件发生地可能在很短时间内聚集大量人群，旅行社在组织旅游活动时的首要问题就是要确保旅游者的安全，防止发生游客走失、财物被盗、食物中毒、交通意外、疫情等不安全事故。其次，大量人群在短时间内涌入，对事件发生地的接待设施也是一个巨大的考验，旅行社必须未雨绸缪，事先确定宾馆客房数量、餐饮地点，预订往返交通票据，准备好旅游车等，以便游客能够及时到达，迅速离开。另外，旅行社还要处理好内部人员调配，确保事件发生、旅游者出游高峰时有足够的、富有经验的导游接待服务人员。一旦事件结束又能够使这些富余人员得到妥善安置，从而使整个工作团队保持昂扬的工作状态，为游客提供满意的服务。

任务 2.4 自由行旅游产品开发

由于中国各地经济发展水平、居民消费能力的差异，跟团游在很长一段时间之内仍然会拥有稳定的客群来源，但随着旅游消费的整体升级，追求个性化的自由行旅游产品将更受消费者青睐。

一、自由行旅游产品的内涵和特点

自由行俗称“机加酒”，即机票加酒店。若是出境线路，会增加签证，即机票加酒店加签证。与团体旅游相同的是，自由行旅游产品由旅行社安排住宿与交通，但自由行没有导游随行，饮食也由旅客自行安排。自由行为客户提供了很大的自由性，旅游者可根据时间、兴趣和经济情况自由选择希望游览的景点、入住的酒店以及出行的日期，在价格上一般要高于旅行社的跟团产品，但要比完全自己出行的散客的价格优惠许多。

对于旅游者来说，自由行旅游产品更自由、方便。旅游者可以自由调整、组合在目的地的行程。由于没有购物和自费项目，游客的钱在自由行中可以花在“刀刃”上，最值得看的景点是哪儿，就到哪儿玩，都是自由活动时间。但是，旅游者需要自行安排在当地的行程，要面对行程中的许多琐事。为了游览顺利，旅游者出行前要花费一定的时间和精力做目的地游览攻略。对于旅行社而言，此类行程预定周期短；安排内容简单，不涉及导游等服务环节；但是，旅游者的要求多、变化多，操作复杂。

二、自由行旅游产品类别

1. 完全自由行：按照自己的计划到旅行社预订机票、酒店。如果觉得行程可能有变动，则选择可更改的机票。由于旅行社与航空公司、酒店的长期合作关系，价格会比个人单独预订要便宜。

2. 准自由行：跟着旅行团队一同登上飞机，到达目的地后，脱离旅游团，自由行动。直到回程时，重新与团队会合，一起乘飞机回来。或者与其他自由行游客同一时间出发/返回相同目的地，由于机票是团队价格，这种套餐价格会更便宜。

三、自由行产品的开发与设计思路

为了更好地满足旅游者的需求，以及在竞争者保持优势地位，旅行社需要思考如何设计开发自由行产品。

(一) 充分运用多媒体技术，形成“决策—交易—分享”的闭环

1. 通过公司官网、线上旅行社、微信朋友圈及小程序等的运用，加强与自由行旅游者的联系和沟通，建立信息交流和反馈的渠道、自由行产品销售和预定的渠道。

2. 运用大数据技术对自由行客户消费数据进行结构化处理，挖掘用户兴趣点和旅游需求，以精准匹配用户个性化预订需求。

3. 线上发布当地旅游攻略，消除异地信息壁垒，降低自由行用户的行程规划难度，也为已经出行的旅游者提供分享、展示的空间。

总之，通过移动端旅游攻略信息流、行程即时决策，并结合自由行实时在线预订，为用户提供从旅游攻略、信息提示、消费决策、产品推荐、游记分享等线上线下一体化体验与购买，完成“决策—交易—分享”的闭环。

(二) 注重“标准化”自由行旅游产品的开发

在国内，标准化自由行旅游产品是机票＋酒店；在出境中，标准化自由行旅游产品是机票＋酒店＋签证。旅行社要注重与供应商的谈判与合作，开发更多种类、更适合旅游者需求的自由行旅游产品。具体包括开发更多的自由行旅游目的地、更多可供选择的航班、更多种类的酒店，以满足不同出游目的、不同消费层次、不同出游时间的旅游者需求。

（三）注重“个性化”自由行旅游产品的开发

在国内旅游产品中，标准化程度是机票大于酒店；在出境游产品业务线中，标准化程度是机票大于酒店大于签证。机票、酒店及出境产品的签证是自由行的标准化产品，是入门必备款；而个性化产品，则是新的竞争据点。通过非标准产品品类的开通，更容易形成壁垒。

除机票、酒店、签证外，旅游目的地的门票、餐饮、特色活动、交通服务等正在不断被市场认可，旅游产品品类愈发丰富，“当地玩乐”产品将成为自由行用户旅游标配。旅行社设计和采购当地玩乐等非标准产品，可以形成自身独特的竞争力。

（四）注重新型自由行旅游产品的开发

传统的自由行旅游产品中，机票是不可或缺的组成部分，面向的是远程旅游者。目前，随着自驾游的增多，自由行旅游产品的内涵也变得越来越丰富。

对于短程自由行旅游者来说，酒店仍为必须，但机票已经被自驾车替代。旅行社需要针对性地开发新型自由行旅游产品，如酒店＋门票、酒店＋特色活动等。

对于远程旅游者来说，除了机票＋酒店，也可以加落地自驾，形成机票＋酒店＋租车的新型组合方式。

总之，提供旅游者需要的服务，是旅行社开发旅游产品的核心理念和指导思想。旅行社要把握旅游者需求的特点，捕捉旅游者需求的变化，开发符合旅游者需求的产品。

课程思政重点

生态环保

2017 年 10 月 18 日，习近平在十九大报告中指出，坚持人与自然和谐共生。必须树立和践行绿水青山就是金山银山的理念，坚持节约资源和保护环境的基本国策。

绿水青山就是金山银山，阐述了经济发展和生态环境保护的关系，揭示了保护生态环境就是保护生产力、改善生态环境就是发展生产力的道理，指明了实现发展和保护协同共生的新路径。

旅行社产品开发要遵循“绿水青山就是金山银山”的指导思想，在设计开发产品过程中注意保护当地环境，实现经济和环境的和谐统一，让良好生态环境成为人民幸福生活的增长点。

在线学习

关键词点击　　知识链接　　案例分享　　线上练习

工作评估表

标准＼等级	优　秀	良　好	及　格	不及格
旅行社产品开发资料的充分性				
旅行社产品开发资料的科学性				
旅行社产品设计的科学性				
旅行社产品设计的创新性				
产品设计与产品类型的契合度				
团队精神				
工作态度				
创新能力				
总体评价				
自我总结				

拓展实践

请依据上一项目“拓展实践”部分要求进行的“旅游评价和旅游需求”问卷调查的结果，为自己所在的城市或感兴趣的旅游目的地分别设计观光型、度假型、商务型三种主要的旅行社产品。

项目三

主题旅行社产品开发

配套微课

主题旅游产品是指产品的设计围绕特定主题展开，比如以学习知识、增长见识为主题的研学旅游；以会议展览为主题的会展旅游等。通过这部分内容的学习，要求学生掌握研学、红色、会展、老年等主题旅游产品的开发要点。具体包括以下任务：

任务 3.1　研学旅行产品开发

任务 3.2　红色旅游产品开发

任务 3.3　会展旅游产品开发

任务 3.4　老年旅游产品开发

任务 3.1　研学旅行产品开发

一、研学旅行的定义

2016 年国家旅游局颁布的《研学旅行服务规范（LB/T 054—2016）》行业标准中，对“研学旅行”在概念上界定为：研学旅行是以中小学生为主体对象，集体旅行生活为载体，以提升学生素质为教学目的，依托旅游吸引物等社会资源，进行体验式教育和研究性学习的一种教育教学活动。

在 2016 年教育部等 11 部门《关于推进中小学生研学旅游的意见》中，对“研学旅行”概念解释是通过集体旅行、集中食宿方式开展的研究性学习和旅行体验相结合的校外教育活动，是学校教育和校外教育衔接的创新形式，是教育教学的重要内容，是综合实践育人的有效途径。

从两者的概念内涵界定来看，都认为研学旅行的主体是中小学生，都明确以集体旅行生活为载体进行综合实践育人，都强调研学旅行是重要的教育活动。

二、研学旅行产品分类

研学旅行产品按照资源类型分为知识科普型、自然观赏型、体验考察型、励志拓展型、文化康乐型。

知识科普型：主要包括各种类型的博物馆、科技馆、主题展览、动物园、植物园、历史文化遗产、工业项目、科研场所等资源。

自然观赏型：主要包括山川、江、湖、海、草原、沙漠等资源。

体验考察型：主要包括农庄、实践基地、夏令营营地或团队拓展基地等资源。

励志拓展型：主要包括红色教育基地、大学校园、国防教育基地、军营等资源。

文化康乐型：主要包括各类主题公园、演艺影视城等资源。

三、研学旅行产品教育目标

旅行社应根据主办方要求，针对不同学段特点和教育目标，设计研学产品。具体来说：

小学一至三年级参与研学旅行时，宜设计以知识科普型和文化康乐型旅游资源为主的产品，并以乡土乡情研学为主。

小学四至六年级参与研学旅行时，宜设计以知识科普型、自然观赏型和励志拓展型资源为主的产品，并以县情市情研学为主。

初中年级参与研学旅行时，宜设计以知识科普型、体验考察型和励志拓展型资源为主的产品，并以县情市情省情研学为主。

高中年级参与研学旅行时，宜设计以体验考察型和励志拓展型资源为主的产品，并以省情国情研学为主。

四、研学旅行产品服务项目

研学旅行产品包括教育、交通、住宿、餐饮、导游讲解、安全等服务项目，其中教育、安全是研学旅行产品重点强调的服务项目。交通、住宿、餐饮、导游讲解虽也是传统旅行产品的服务项目，但研学旅行为其注入了新的内涵。

（一）教育服务

研学旅行产品开发时，应围绕学校相关教育目标，制定研学旅行教育服务计划，明确教育活动目标和内容，针对不同学龄段学生提出相应学时要求，其中每天体验教育课程项目或活动时间应不少于45分钟。

1. 教育服务项目

教育服务项目可分为：

健身项目：以培养学生生存能力和适应能力为主要目的的服务项目，如徒步、挑战、露营、拓展、生存与自救训练等。

健手项目：以培养学生自理能力和动手能力为主要目的的服务项目，如综合实践、生活体验训练、内务整理、手工制作等项目。

健脑项目：以培养学生观察能力和学习能力为主要目的的服务项目，如各类参观、游览、讲座、诵读、阅读等。

健心项目:以培养学生的情感能力和践行能力为主要目的的服务项目,如思想品德养成教育活动以及团队游戏、情感互动、才艺展示等。

2. 教育服务流程

在出行前,指导学生做好准备工作,如阅读相关书籍、查阅相关资料、制订学习计划等。

在旅行过程中,组织学生参与教育活动项目,指导学生撰写研学日记或调查报告。

在研学旅行结束后,组织学生分享心得体会,如组织征文展示、分享交流会等。

3. 注意事项

应设计不同学龄段学生使用的研学旅行教材,如研学旅行知识读本。应根据研学教育服务计划,配备相应的辅助设施,如电脑、多媒体、各类体验教育设施或教具等。

研学旅行教育服务应有研学导师主导实施,由导游员和带队老师等共同配合完成,应建立教育服务评价机制,对教育服务效果进行评价,持续改进教育服务。

(二) 交通服务

1. 交通方式选择

单次路程在 400 公里以上的,不宜选择汽车,应优先选择铁路、航空等交通方式。

选择水运交通方式的,水运交通工具应符合 GB/T 16890 的要求,不宜选择木船、划艇、快艇。

选择汽车客运交通方式的,行驶道路不宜低于省级公路等级,驾驶人连续驾车不得超过 2 小时,停车休息的时间不得少于 20 分钟。

2. 注意事项

应提前告知学生及家长相关交通信息,以便其掌握乘坐交通工具的类型、时间、地点以及需准备的有关证件。

宜提前与相应交通部门取得工作联系,组织绿色通道或开辟专门的候乘区域。

应加强交通服务环节的安全防范,向学生宣讲交通安全知识和紧急疏散要求,组织学生安全有序地乘坐交通工具。

应在承运全程随机开展安全巡查工作,并在学生上、下交通工具时清点人数,防范出现滞留或走失。

遭遇恶劣天气时,应认真研判安全风险,及时调整研学旅行行程和交通方式。

(三) 住宿服务

1. 住宿营地

应以安全、卫生和舒适为基本要求,提前对住宿营地进行实地考察,主要要求如下:应便于集中管理;应方便承运汽车安全进出、停靠;应由健全的公共信息导向标识,并符合 GB/T 10001 的要求;应有安全逃生通道。

选择在露营地住宿时还应达到以下要求：露营地应符合 GB/T 31710 的要求；应在实地考察的基础上，对露营地进行安全评估，并充分评价露营接待条件、周边环境和可能发生的自然灾害对学生造成的影响。应制定露营安全防控专项措施，加强值班、巡查及夜查工作。

2. 注意事项

应提前将住宿营地相关信息告知学生和家长，以便做好相关准备工作；应详细告知学生入住注意事项，宣讲住宿安全知识，带领学生熟悉逃生通道；应在学生入住后及时进行首次查房，帮助学生熟悉房间设施，解决相关问题；宜安排男、女学生分区（片）住宿，女生片区管理员应为女性；应制定住宿安全管理制度，开展巡查、夜查工作。

（四）餐饮服务

以食品安全卫生为前提，选择餐饮服务提供方，提前制定就餐座次表，组织学生有序进餐，督促餐饮服务提供方按照有关规定，做好食品留样工作，在学生用餐时做好巡查工作，确保餐饮服务质量。

（五）导游讲解服务

导游讲解服务应符合 GB/T 15971 的要求，应将安全知识、文明礼仪作为导游讲解服务的重要内容，随时提醒引导学生安全旅游、文明旅游。结合教育服务要求，提供针对性、互动性、趣味性、启发性和引导性的讲解服务。

（六）安全服务

1. 安全管理制度

制定安全管理制度，构建完善有效的安全防控机制，具体包括研学旅行安全管理工作方案；研学旅行应急预案及操作手册；研学旅行产品安全评估制度；研学旅行安全教育培训制度等。

根据安全管理制度的要求，明确安全管理责任人员及其工作职责，在研学旅行活动过程中安排安全管理人员随团开展安全管理工作。

2. 安全教育

制定安全教育和安全培训专项工作计划，定期对参与研学旅行活动的工作人员进行培训。培训内容包括：安全管理工作制度、工作职责与要求、应急处置规范与流程等。

对参加研学旅行活动的学生进行多种形式的安全教育，提供安全防控教育知识读本。召开行前说明会，对学生进行行前安全教育；在研学旅行过程中对学生进行安全知识教育，根据行程安排及具体情况及时进行安全提示与警示，强化学生安全防范意识。

3. 安全预案

制定和完善包括：地震、火灾、食品卫生、治安事故、设施设备突发故障等在内的各项突发事件应急预案，并定期组织演练。

任务 3.2　红色旅游产品开发

一、红色旅游

根据红色旅游经典景区服务规范（LB/T 055—2017）的定义，红色旅游是以革命、建设、改革的各个历史时期所遗存的纪念地、标志物为载体，以其所承载的革命历史、革命事迹和革命精神为内涵，开展的主题性参观游览活动。红色旅游产品具有政治性、经济性、主题性、历史性、学习性、参与性等特征。

二、红色旅游产品开发思路

（一）突出红色文化主题

红色旅游作为新兴旅游之一，其特殊性、文化性显露无遗。由于红色文化具有很高的政治性和历史性，因此在开发红色旅游产品时要注意突出其红色文化主题，紧扣景区文脉，适当强化和突出，不能偏离、淹没其红色主题。鲜明的主题是一个文化旅游产品必备的。产品主题既可以是旅游资源所固有的，也可以是人为提炼、设计的，它是该产品的灵魂。

（二）注重旅游资源整合

红色旅游线路在凸显其本质特征的基础上，可适当融合当地其他类型的旅游资源。一般而言，旅游线路上参与组合的要素越多，组合变化程度越大，旅游产品的吸引力就越强、价值就越高。一条融自然资源、红色资源、其他人文资源的红色旅游产品可以让青山绿水、革命情怀、文化魅力等相得益彰、相映生辉。我国红色旅游资源分布广泛，但各地的资源特色并不一样，因此在设计不同区域的红色旅游产品时，要在突出主题的前提下，精心选择和编排相关资源，科学合理地连接相关景点。这样，即可满足不同旅游者的需要，又可提高旅游业的总体规模和效益，使红色旅游线路集思想政治教育与旅游观光于一体，寓教于乐。

（三）宜实不宜虚

红色旅游产品宜实不宜虚。“实”就是实实在在，要名副其实，让旅游者能真正感受到红色旅游的内涵。

红色文化旅游资源既有一种有形的资源，也有一种无形资源。在进行红色旅游产品开发的过程中，主要需要解决的是怎样把红色文化渗透、融合到不同的旅游产品里面，让旅游产品有灵魂，有骨架。

对于无形的红色旅游资源来说，产品在开发时要使旅游资源的红色文化内涵在原有基础上得以丰富和发展，使旅游资源"活"起来，让它的内涵借助一定的"物化"载体展现出来。对于有形的红色旅游资源来说，尤其是一些红色文化遗存，需要借助于一定的设施和活动渲染出红色文化应具有的氛围，让游客确确实实感受到其中的意义，获得教益。

（四）对红色旅游产品的功能进行强化

红色旅游产品的功能有很多，如政治教育的功能、体验娱乐的功能等。红色旅游产品离不开市场，所以在进行开发的时候要将市场需求考虑进去。比如用高科技方式将红色资源好好利用，多样化地表现到游客眼前，让游客在提高兴趣的同时还能够自然而然地获取红色文化信息，获得红色旅游产品的高层次体验。

（五）要有利于红色旅游资源的保护

红色旅游资源很多是不可再生资源，因此在进行产品开发的过程中应注重保护与修缮景观（古迹、遗址文物等），注重对旅游环境改善，让红色旅游可以进行可持续和谐发展。

历史文化性是我国红色旅游资源的一个重要特征，所以其中的历史文化类旅游资源占很大比例。对延安、井冈山、西柏坡等红色文化遗产，除了需要具有很强的保护意识，让遗产可以不断流传下去，同时我们也让更多的人享有它、观赏它，学习其中的精神内涵。

红色旅游产品开发要保护与开发并重，以保持各红色旅游资源的风貌为开发之基础。在开发过程中，要以客源市场需求为导向，同时让政治效益、经济效益、社会效益和生态效益相统一。

任务 3.3 会展旅游产品开发

一、会展旅游产品定义

会展旅游是借助举办会议、研讨、论坛等会务活动以及各种展览而开展的旅游，是一种商务旅游形式。

会展旅游产品就是旅行社提供给会展旅游者的吸引物及为满足会展旅游者因参加会展活动而产生空间移动过程中的各种需要，在购买旅游供应商的产品并进行开发后提供给会展旅游者的各种物品和服务的总称。根据会展活动的进程，旅行社的会展旅游产品可分为会展前、会展中、会展后三个阶段的产品。

二、会展策划流程

由于会展是一项多功能接待项目，既有会前准备，又有会展布置、会后旅游。因此，该项工作计划以及策划工作的准备一定要明晰合理，并有特色。这种策划性的工作计划，若没有合理周到的安排，很难使会议主办单位及参会客人满意，因此在策划制订工作计划时，要将会展会务放在首位，根据会展主题来制订工作计划。具体流程如下：

(一) 对企业进行有针对性的市场调研

收集有关本项目的各种资料，包括文字、图片以及录像等活动资料。对收集的资料分类编排，结集归档。

(二) 制订详细、完整的会展策划方案

确定会展的目标市场、会展的规模、展品的选择，评估观众数量的多少和展览面积的大小以及参展的费用预算。

(三) 实施前的培训

让全体的实施工作人员理解策划方案精神，熟悉策划方案要求，掌握实施方案的工作方法、步骤和技巧。

(四) 印刷材料的设计制作

利用会展的会刊、展前快讯、媒体报道等手段来进行前期宣传，扩大企业的影响力，吸引更多的目标客户。

(五) 展台的布置及展示

设备的调试安装，展台的人员配备。

(六) 相关的会展服务

根据参加会议者的具体情况以及人数多少安排相应的车辆；根据参会人员的喜好，预订各种形式的餐会，推荐不同的用餐地点；根据参会人员的喜好，为其设计不同的休闲方式，设计专门的旅游线路，介绍下榻酒店附近的娱乐设施。

(七) 做好对活动的评估

开好总结会，做好善后公关工作。

三、会展现场服务的注意事项

(一) 签到

如果是小型商务会议，签到相对简单，仅仅是名录登记。但如果是大型会议或者展览，那么签到就是一项复杂的工作。通常情况下，会议的签到与住宿安排连在一起，需谨慎对待。

大型会议如果想要签到过程不出现混乱，必要的流程及准备是必需的——回执统计

表、签到表格、引导及协助人员、住宿宾馆准确的房间数量及房间号、房间分配表、钥匙、标明入住者姓名及房号的小信封(内装客房钥匙,通常酒店可以提供)、入住酒店相对明显的路径指示、会议(展览)须知、会议(展览)详细日程、考察线路及参与方式、酒店功能开闭说明及付费标准、返程预订及确认、会务交通使用方式及付费标准等。如果有可能,尽量使用电脑签到。一般情况下,签到服务人员工作时间应该根据会展参与人员抵达时间合理分配。如果事先将回执的项目设计得很周全,对于签到及入住安排有很大帮助。

(二) 餐饮安排

餐饮安排通常有两种形式——自助餐或者围桌餐。类别有中式、西式系列等。

统一安排餐饮的会议,对于成本的控制非常重要,自助餐一般可以发餐券控制,可以事先制定餐标及餐谱,区分正式代表与随行人员、家属,特殊要求者可以和餐厅协商。围桌式餐饮安排比较复杂,特别是大型会议的时候。围桌式餐饮安排需要考虑的问题有:开餐时间、每桌人数、入餐凭证、同桌者安排、特殊饮食习惯者、酒水种类及付款等。需要提醒的是,会议前期考察时注意餐厅及用具的卫生情况,不能让就餐者出现健康问题。如果就餐者无法按时集合就餐,可采取哪桌够人数哪桌开席的做法,以保证就餐者的权益。

(三) 秘书服务

所谓秘书服务是指向会展主办方提供各类文秘、勤杂、临时采购、临时司乘、向导等服务。这些服务通常是临时或者按时提供的,在预算时通常可以按不可预计费用或者按其他类别计算。

如果通过代理公司操作,那么告知代理公司做好随时服务的准备很有必要。代理公司与主办方之间的最后服务费用核算将通过双方指定的联络人互相签单认可,由双方财务或者相关人员核定。

(四) 翻译

翻译是特殊的工具,是担负思想传递的具有思维方式的人(有时候还是会谈僵局的润滑剂或者缓冲剂)。所以翻译,特别是临时聘请的翻译值得认真对待。很多翻译难以成为通才,而会议涉及的专业术语往往很多,而且通常是很生僻的单词或者组合词,因此提前沟通十分必要。

四、会展后旅游产品开发思路

会展的与会人员一般都具备这样一些特点:个人素质高、文化修养好;具有探索和创新精神、好奇心强、独立意识强、个性化十足;时间紧迫、停留时间短、随机性大。因此在会展后旅游产品开发设计时,应着重突出以下几个方面:

1. 产品要多元化、个性化

会展的与会人员国籍、性别、年龄、兴趣、饮食习惯、健康状况等不同,会展旅游产品要根据这些不同点进行多元化设计、制作和包装。要使每个客户在得到服务产品时，如同进超市采购一样，可以选择最适合自己的产品。如果产品设计得过于单一，就会挫伤与会人员的旅游动机。假如主题鲜明、灵活多样、选择余地大，与会人员可根据各自的需要和时间进行安排，就能使潜在的旅游市场变为现实的旅游市场，就能使一次会展活动拓展为一个短期的旅游黄金周。

2. 产品的含金量要高

从与会人员的文化修养好、好奇心强、富探索和创新精神等特点出发，产品的科技含量要高，文化积淀要深，历史感要强，探索性要足，可以设计与会展主题相关的产品，也可选择综合性的具有地区特色的产品。

3. 追求服务的地方特色

在许多情况下，并不是旅游企业提高服务质量就可以给旅游者带来美好的感受，其他一些外在因素（如海关服务效率、机场服务效率、地区环境质量等）也可能影响旅游者对服务质量的评价。与会者对服务的态度、旅游动机以及个人的经历和经验决定着他们在旅游过程中对服务质量的要求也不一样。这就需要服务人员能敏捷地捕捉各种机会，善于发现旅游者的需求，并针对不同的旅游者提供有针对性的个性化服务。

任务 3.4 老年旅游产品开发

我国《老年人权益保障法》第 2 条规定老年人的年龄起点标准是 60 周岁，即凡年满 60 周岁的中华人民共和国公民都属于老年人。

随着社会老龄化的日益加重，中国的老年人越来越多，所占人口比例也越来越高。2021 年 5 月 11 日，第七次全国人口普查结果显示，中国 60 岁及以上人口为 26 402 万人。银发旅游已成为旅游行业一大热点。如何为老年人提供合适的旅游产品和服务，为银发旅游增添更多温度，不仅关系着旅游业的高质量发展，也将对应对人口老龄化起到积极作用。

一、老年旅游产品开发的原则

1. 市场需求的原则

设计产品要以其喜闻乐见的形式符合老年旅游者的需求。除了增长知识、增加阅历等目的外，老年人出游也有康养身心、结交朋友等方面的需求。旅行社在设计产品时，要注意创新产品，满足其旅游需求。比如设计以医疗健身为主要目的的旅游形式；探索适合老年人游览娱乐型的旅游形式；与社区联合开发社区旅游产品；推出全新养老理念的老年生态旅游产品，以及适应老年人兴趣与爱好的知识型旅游产品等。

2. 安全第一的原则

向老年旅游者提供的产品应有安全保障，慎重安排对身心刺激强烈的项目，确实无法避免，对旅游中可能危及旅游者安全的情况应事先说明或明示。随团安排能为游客提供保健知识的服务人员，一般应有相应证书。

3. 安排合理原则

在设计老年旅游产品时应力求线路合理、劳逸适度，要符合老年人的生理和心理特点。比如，老年人大都有午睡的习惯，可以安排中午小憩；老年人到新环境的不安全感比较强，尤其是出境线路中，需要安排中文导游全程陪同。

4. 确保履约原则

所提供的产品应保证可以完全履约，万一有意外情况发生时，应有合理对策。

二、老年旅游产品开发思路

具体在设计老年旅游产品时，需要在线路设计、主题内容、价格、导游服务等细节安排方面，做到周密细致的规划。建议从下面几个关键点考虑出发。

1. 线路设计、项目安排的合理性

根据老年人的需求特点，科学设计旅游线路，一般遵循原则是：长短线结合时则以短线为主；传统游和特色游结合时则以特色游为主。

项目设计上也要充分考虑老年人特定需求，对于青睐人文性目的地的旅游者，选择有一定文化、历史积淀的名胜古迹；若旅游者喜欢自然景观，则要寻找条件适宜的地方，应尽量避免严寒、酷暑，以地质地貌景观、海滨海滩、瀑布、湖海、森林、植物园等景观为宜。

2. 主题旅游的重点强调突出性

寻求身心健康的特色旅游活动更受老年人喜欢。目前，比较受欢迎的旅游项目有异地疗养游、体育锻炼游、主题摄影游等。

随着各地老年公寓服务内容的不断完善，老年人要求异地旅游和疗养的愿望日益增强。对于身体较好的老年体育爱好者们，可根据四季气候的不同组织适时的体育活动，或景区内举行一些体育比赛项目，将体育锻炼与旅游有效结合起来。对于喜爱摄影的旅游者，可以组织动物、植物、建筑等主题拍摄线路。

3. 出游定价合理

年过花甲之岁的老人都经历过物质贫乏和生活艰辛的年代，大多养成勤俭节约的生活习惯。因此老年旅游产品可低价入市，在保证盈利的情况下注重提高服务质量。对于部分有较高旅游要求的老年游客，可适当推出豪华旅游线路和产品。

4. 出游组团形式的多样性

国内的夕阳红组团旅游较为常见，即整团均为一定年龄段的老年人。他们经历相仿，记忆相近，容易沟通，方便互相理解、相互帮助。另外，可组合亲子团加老年团，由几名子

女陪同适当数量老人同行，既方便路程照顾，也有利于沟通两代人的感情，情感和记忆继承。另外，中国老人有隔辈亲的传统，低龄且身体较好的老人可以带着孙子(孙女)一起外出旅游，既开阔眼界、舒展身心，还增进感情交流。

5. 导游服务的优质化

对老年游客的服务，导游人员应倾注更多情感因素，让老人在旅游过程中既获得身体感官上愉悦，又为他们提供心理和精神上的关爱，获得快乐满足感，使他们不因年老感到孤单寂寞，如此老年游客接受旅游服务的动机才会越来越强。另外，导游人员在服务过程中，自身不仅得具备基本的导游知识和讲解技巧，更须抱有高度的责任感和良好的职业道德，并且懂得一些常见疾病的急救办法，才能在服务老年游客中做到游刃有余，出色周到。

6. 安排食宿、交通和购物的规律性

应尽量避免旅游活动行程安排的不规律性。在行程住宿安排中，应尽量选择僻静区域的宾馆，做到安全、卫生、舒适且利于休息；饮食安排既要根据老年人的肠胃特点合理安排，也要照顾有忌讳游客的特殊饮食需求；交通一般选择以陆路为主，安全舒适必须保证；购物消费应有针对性地选择店家，商品应有纪念意义和特殊价值性。

课程思政重点

文化自信

文化自信是一个民族、一个国家、一个政党对自身文化价值的充分肯定和积极践行，并对其文化的生命力持有的坚定信心。

党的十八大以来，习近平曾在多个场合提到文化自信，传递出他的文化理念和文化观。在庆祝中国共产党成立95周年大会的讲话上，习近平对文化自信特别加以阐释，指出“文化自信，是更基础、更广泛、更深厚的自信”。“文明特别是思想文化是一个国家、一个民族的灵魂。无论哪一个国家、哪一个民族，如果不珍惜自己的思想文化，丢掉了思想文化这个灵魂，这个国家、这个民族是立不起来的。”

旅行社产品的开发，尤其是主题产品的开发要致力于发扬和传承博大精深的优秀传统文化。它能“增强做中国人的骨气和底气”，是我们最深厚的文化软实力，是我们文化发展的母体，积淀着中华民族最深沉的精神追求。

在线学习

关键词点击　　知识链接　　案例分享

工作评估表

等级 标准	优　秀	良　好	及　格	不及格
研学旅行产品开发能力				
红色旅游产品开发能力				
会展旅游产品开发能力				
老年旅游产品开发能力				
团队精神				
工作态度				
创新能力				
总体评价				
自我总结				

拓展实践

1. 根据你熟悉的目的地，自定主题，设计一条研学线路。
2. 请自定接待对象，根据接待对象需求特点设计一条红色旅游线路。

项目四

旅行社产品面市形态

配套微课

旅行社产品的面市形态，顾名思义，是指旅行社产品推向市场时呈现的形态。产品的主题、受众、时长等都会影响旅行社产品的面市形态。旅行社产品的面市形态具体包含以下几个项目的内容：产品名称、线路特色、主要行程、费用说明、注意事项等。

本项目的任务具体如下：

任务 4.1　设计产品名称项

任务 4.2　设计主要行程项

任务 4.3　设计产品报价项

任务 4.4　设计产品说明项

任务 4.1　设计产品名称项

客人对旅行社产品的购买，多是从解读产品名称开始的。通过产品名称，旅游者可以获得产品基本信息，形成初步印象。而特色说明则点明本产品的与众不同之处，可以说是产品的点睛之笔，是产品吸引力的核心所在。

一、产品名称的构成要素

产品名称的构成要素主要包括以下几个方面。

1. 产品目的地

目的地形象及代表性旅游资源，是旅游者考虑行程的首要因素。因此，产品主要游览的目的地是哪里，需要一目了然地展现在产品名称的开头部分。

2. 行程天数

行程天数的界定，便于旅游者根据自己的时间选择对应的线路。产品名称需要体现产品是几日游，或者几天几晚游。比如“扬州一日游”“海南三晚四日游”等标注方式。

3. 交通方式

短线产品交通工具一般是大巴，不需要在线路名称中界定交通工具。长线和中长线往往需要界定交通方式，尤其是存在多种选择的可能性时。比如南京到北京，高铁和飞机两种选择方式皆有可能，优缺点的界定因人而异，此类产品名称中就需要体现交通方式。

4. 产品主题

产品的主题是什么，凝练后在产品名称中体现，也可以以副标题的形式呈现。比如“赏梅”“红色”“研学”“文化”等。

以上四点组合起来，即为完整的旅行社产品名称。如“极韵西北——兰州双飞八日游”，名称组合方式为“产品主题＋目的地＋交通方式＋行程天数”。

实际操作过程中，线路名称根据需要未必一定是所有要素具备。比如南京市场上发布的旅游线路“无锡赏樱一日游”，名称组合方式为“目的地＋线路主题＋行程天数”，省略了交通方式。因为一日游线路通常为周边游，默认的交通方式是旅游大巴。所以这里不需要强调交通方式。同样，中国赴美国、欧洲等出境线路，通常情况下默认交通方式是双飞，线路名称中也不需要体现交通方式。

产品名称的确立，即为产品的生产奠立了一块基石。产品的主题、行动形式无不与产品的名称有着重要的关联。一条名为“古埃及文化之旅”的度假线路产品主题确定为“埃及古文化”，那么在哪座城市停留、观看怎样的景点等方面，都应当顾及并符合、突出这一主题。能够体现埃及古文化的城市很多，一般说来，下面的几处是人们在选择时想当然的一种期待：开罗、亚历山大、卢克索、阿斯旺、阿布辛贝勒等。一条专门的“古埃及文化之旅”的旅游线路的设计，应该将这些城市、景点一网打尽。世界上许多国家的埃及游线路，几乎也是缘此构想创建并行销多年。

二、线路特色

异质性和雷同性并存是旅行社产品的一个重要特点。在雷同性不可避免的情况下，旅行社若想在竞争中取胜，不得不突出产品的异质，强调本产品的与众不同之处。线路特色的呈现，就是为了突出产品的异质。这既是市场的需求，也给了市场更大的选择空间，给企业以更大的生存空间。

线路特色，重在“特”字，与现存一般产品相比，本产品的特色是什么？具体可以在调研旅游者需求的基础上，根据具体线路呈现。常见的有以下几种情况。

1. 以“纯玩”为特色

“吃、住、行、游、购、娱”是旅游六要素，但是进购物店的低价团品质不高，旅游者的满意度不高。随着出游经验的丰富、消费观念的成熟，旅游者对线路品质要求越来越高，不进购物店的纯玩团越来越受欢迎。在此背景下，许多旅行社推出纯玩线路，并以此为卖点，吸引旅游者兴趣。

2. 以“住宿”为特色

普通线路的住宿会标明标准，三星级、四星级或经济型酒店等。如果某产品的住宿区别于普通线路，可以增加本线路的吸引力，则可以作为线路特色标注出来。比如海滨线路，强调本线路住宿酒店是海景房；度假线路强调本线路住宿酒店是特色民宿或知名连锁酒店等。

3. 以“餐饮”为特色

普通线路的餐饮是标注餐标，比如正餐的标准是 30 元每人每餐。如果线路中某顿餐不同于常规情况，是当地特色餐饮，可以突出显示。比如华东线路，在南京安排旅游者品尝南京特色风味小吃。

4. 以“交通”为特色

交通时间、交通方式、是否直达等，如果和市场上的常规产品对比有优势，都可以作为特色呈现。比如，往返均为正点航班，可以保证旅游者休息；往返均为晚间卧铺车，可以节省行程时长；交通方式为观光火车，可以一览沿途美丽风光；直飞航班更方便快捷……根据旅游者的需求特点，均可以作为线路特色呈现。

5. 以“景点”为特色

这里的“景点”可以是指一个具体的景点，也可以是几个景点的串联，体现为游览路线。旅行社线路在景点安排上的与众不同之处，也可以作为线路特色呈现出来。比如到访某个小众景点，或新开辟的景点；在某个目的地，其他线路停留一天，游览少数几个景点，本旅行社设计停留两天，游览主题相关四个景点等。

6. 以“服务”为特色

根据旅游者需求特点，旅行社线路提供的特色服务。比如，针对研学团，安排有研学导师资质的导游人员；针对老年旅游者，额外配备随团保健医生；针对自驾团，特意安排驾驶经验丰富、掌握一定修车技术的陪同人员等。让旅游者在接受常规导游服务的同时，可以享受知识、保健、安全等方面的特色服务。

7. 以“主题活动”为特色

常规线路中，设计各种主题活动，以增加线路吸引力。比如研学活动中增加体验性项目；邮轮旅游线路聘请知名主持人参团，设计互动环节等。

呈现线路特色的根本目的，就是要避免客人进行不同企业间同类产品的简单价格对比。可以避免价格战的惨痛，稳定自身的地盘，也为游客的选择和购买提供便利。需要注意的是，线路特色是本线路区别于其他线路的点，在呈现的过程中必须要找准这个点，不然达不到吸引旅游者的目的。比如出境线路中安排全程中文导游陪同，这个点是旅游者关心的问题。异国他乡，有全程中文导游陪同可以降低旅游者的陌生感。但这个点可否作为某条线路的特色呢？查阅各个旅行社的线路会发现，全程中文导游是出境线路的标配。既然是标配，就不能作为线路特色呈现了。

任务 4.2 设计主要行程项

根据产品设定的主要行程，是旅游者在读到产品名称后接触到的第二项内容，也是旅游者最关心的一部分内容。旅行社产品的主要行程项包括：日次、抵离城市、乘坐交通工具、当日主要行程、用餐状况、住宿状况等。

一、日次

是否与已有安排相冲突是旅游者选择出行时间时考虑的重要因素，线路要标明出发当天的月、日、星期，方便旅游者安排出游计划。如果是 5 天以上的长线，需标明每天的月、日等。常见的标注方式如下：

D1/3.18/周四

二、抵离城市

在每日的行程中，抵离城市需单独分格列出。本次行程一共去几个城市（地区、国家），每个城市（地区、国家）停留多久，在这项单独列出的"抵离城市"一栏中一目了然。

比如某行程从深圳出发，当天经香港转机悉尼。抵离城市可标注如下：

深圳——香港——悉尼

三、乘坐交通工具

每天乘坐交通工具的类型、时长等标注清晰，方便旅游者对行程有清晰的预判。

1. 飞机

乘坐飞机时需标明飞机的航班号，起飞和抵达时间。国际航班大多有时差，航班时刻表标注的起飞和抵达时间分别是起飞地和目的地的当地时间，为了让旅游者更清晰了解行程，还需标明飞行时长，时差情况。比如 9 月 2 日上海飞往美国西雅图的航班，可以按如下方式标注：

DL282 上海——西雅图 17:25——13:55（飞行时长 11 小时 30 分，西雅图夏令时比北京时间晚 15 小时）

2. 火车

乘坐火车时需要标明火车车次、开车时间、抵达时间。如果是卧铺车，还需说明软硬卧、房间格局等。

3. 汽车

汽车的标注方式比较简单，列出所用时长即可。比如：

南京赴无锡，约 2 小时 30 分。标注时间以具体出发地和目的地的行驶时长为准，包括城市间道路和城市中道路行驶的时间。

4. 其他

其他如邮轮、游轮、观光火车、观光汽车等，除交通工具外，还承担住宿、餐饮、观景等功能。除以上标注内容外，还需描述其承担的其他功能，增加产品的吸引力。

四、当日行程

按时间先后顺序列出当日行程。当日参观的景点需要详细描述，景点名称用加黑或斜体字等方式标出。食、宿、交通等其他方面有特色、有吸引力的方面需要不吝笔墨、着力描述。

五、用餐状况

早餐、午餐、晚餐是否包含需要明确标出。若行程中有特色风味餐或特殊菜肴，要细致描绘菜肴状况，标出餐厅名称、荣誉称号等。

六、下榻酒店

根据入住酒店的档次或星级不同，标注方式也有区别。如果入住的酒店没有特色，不需要着力描述，只需标注入住酒店的所在城市名即可，酒店的星级或具体的参考酒店，可在后面费用说明项中阐述。如果酒店知名度高、有特色，可以标注酒店的具体名称。

七、备注

其他需要备注说明的事项。

以上是主要行程项需要呈现的内容。通过这部分内容的描述，让旅游者对行程有清晰的认识，知道本次行程游览景点、乘坐交通工具、住宿、餐饮的情况。

任务 4.3 设计产品报价项

产品报价项包括两部分内容：产品的报价项、报价说明项。其中报价说明项又分为费用包含和费用不含。

一、报价

产品的价格标注应当明白清楚，正常收费、儿童收费、老人收费都应标注清晰。比如某旅行社的“大理、丽江双飞 5 日游”报价为：

3 590 元/成人　2 600 元/儿童

儿童收费涉及情况比较复杂，具体按年龄、身高、占床与否等不同情况，存在不同的收费标准。具体需要在费用说明项或注意事项中标注清晰。

二、费用包含

费用包含项是对报价的说明，阐述报价中具体包含哪些项目。一般从以下几个方面说明：

1. 交通

飞机标注航班号和抵离时间；火车标注车次、抵离时间、等级等。汽车一般标注空调旅游车。

2. 景点：行程中所含景点的首道大门票

一些景区实行两部分的价格制度，在景区入门处收了门票后，游客如果要游览景区内的个别景点还需另外付费。通常情况下，旅行社在制定旅游产品价格时只将景区首道大门票纳入成本。

3. 住宿

标明住宿几个晚上，以及住宿等级。是三星（四星、五星）标准间，或者普通标间（空调、卫生间），还是特色民宿等，需要标注清晰。或者直接列举出目的地合作的酒店，告知旅游者住宿酒店为其中之一。

4. 餐饮

全程共包含几早几正，以及早餐和正餐的具体标准。早餐是酒店自助早餐还是标准比较低的桌餐，正餐是中餐还是西餐，或者日式料理，特色风味餐等都需交代清楚。特色餐厅可以标注具体名称，以增加线路的吸引力。

5. 导游服务

国内旅游线路常用标注方式为：全程优秀导游服务。

出境游线路常用标注方式为：全程优秀中文导游服务，强调是中文导游，让语言不通的旅游者更有安全感。

目的地接团的线路需要旅游者自行前往，仅含目的地当地的导游服务。比如丽江、大理线路，当地接团的导游服务标注方式为：

导游：丽江、大理当地中文导游服务

6. 保险

旅行社默认包含的保险为旅行社责任险。如有其他保险需要标出。

7. 其他

如古城维护费、政府基金税等，如果是报价中包含的项目，也需说明。

三、费用不含

顾名思义，此部分内容意在提醒旅游者注意，报价中不包含的项目。线路不同，具体不包含的费用也千差万别，但通常以下费用不会包含在线路报价中。

1. 小交通

游览景点中的观光车、缆车等小交通，一般不包含在线路报价中，由旅游者根据需要现场购买。

2. 行程中所列自费项目

线路中一些特色游览项目或特色餐饮，虽是当地的代表性景点或餐饮，但价格往往偏高，一般也不包含在线路报价中。比如上海的金茂大厦、黄浦江游船，杭州的宋城千古情大型演出，海南的海鲜大餐等，一般都属于额外项目，旅游者现场自行决定参加与否。

3. 旅游意外险

旅游者可以自行购买，或委托旅行社购买旅游意外险。

4. 单房差

线路报价中正常含标间中一张床位的费用。旅游者如有单人单房的需求，需要补足房差。

5. 证件费

出境旅游线路涉及的港澳台通行证、护照、签注或签证费用等。

6. 小费

国际线路涉及的小费由旅游者现场支付。

7. 其他

个人产生的洗衣、网络、电话、电视等其他费用。

四、注意事项

由于不可抗力等不可归责于旅行社的客观原因或旅游者个人原因，造成旅游者经济损失的，旅行社不承担赔偿责任。

任务 4.4　设计产品说明项

产品说明项是产品面市形态中的重要内容，它对主要行程项和报价项之外的要点进行解释、说明。产品说明项的制定和写作，最基本的要求就是准确、清晰。

产品说明项主要包括报名注意事项、签证所需材料、特殊报价的说明、目的地注意事项、退团说明等方面的内容。

一、报名注意事项说明

1. 老人、儿童等群体的特殊价格条件说明

比如，享受老人价的年龄要求是 60 岁以上；享受儿童价的条件是 12 周岁以下还是

1.4米以下等，需要根据具体情况界定清晰。

2. 报名截止日期

根据团型不同，报名截止日期也有区别。一般来说，国内线路中短线的报名截止日期距离出团日期比较近，长线的报名截止日期提前较多。出境线路中，免签和落地签的报名截止日期距离出团日期较近，有护照的话，甚至可以出团前一天报名截止。其他需要提前申请签证的出境线路，报名截止日期距离出团日期时间较长。出境线路的报名截止日期需分有护照、没护照两种情况说明。

3. 成团人数说明

如果需要，要说明只有达到基本人数才能成团，让旅游者心中有数。

4. 报名费缴纳说明

收取定金的金额，余款支付时限等。

5. 退团收取费用说明

退团时限及收取费用需要明示旅游者。

二、所需材料说明

报名及旅行过程中，旅游者除需提供身份证或户口本（儿童）等基本资料外，视情况需要提供其他材料。

出境线路需告诉客人签证所需提供的各类材料，如护照要求有效期六个月以上，有两页及以上空白页；签证需要的照片；存款证明；收入证明；工作证明等。

新冠疫情特殊时期，需要提供核酸检测证明、疫苗接种证明、健康码、14 天行程信息等。

三、旅游注意事项的说明

针对具体线路，从交通、饮食、住宿、气候、风土民情等方面说明旅游注意事项。出境线路涉及的注意事项更多，需要增加语言、货币、时差、电源、海关等许多方面的内容。

四、其他特殊要求的说明

不可抗力造成损失的说明；个别线路对旅游者年龄、身体状况等有特殊要求的说明等。

需要注意的是，说明不能与法律、法规相违背，否则即使列出来，若发生了纠纷，也会被判无效。比如，有旅行社在产品说明项中列出这种说明：

“本公司保留根据实际情况调整行程的权力。”

而《旅游法》第六十九条：旅行社应当按照包价旅游合同的约定履行义务，不得擅自变更旅游行程安排。显然，这类与法律相悖的当地声明只会给旅行社带来不必要的纠纷。

课程思政重点

诚实守信

诚实，即忠诚老实，就是忠于事物的本来面貌，不隐瞒自己的真实思想，不掩饰自己的真实感情，不说谎，不作假，不为不可告人的目的而欺瞒别人。守信，就是讲信用，讲信誉，信守承诺，忠实于自己承担的义务，答应了别人的事要去做。忠诚地履行自己承担的义务是每一个现代公民应有的职业品质。对人以诚信，人不欺我；对事以诚信，事无不成。

“诚实守信”是中华民族传统美德。孔子作为著名的教育家，他认为，在社会生活中，“信”是一个人立身之本，如果没有诚信，也就失去了做人的基本条件。他把“信”列为对学生进行教育的四大科目（言、行、忠、信）和五大规范（恭、宽、信、敏、惠）之一，强调要“言而有信”，认为只有“信”，才能得到他人信任。

在旅行社产品面市形态设计的过程中，也要遵循“诚实守信”的要求，对于旅游宣传既要体现出产品和企业的优势与特色，也不能够做虚假和不实的宣传，需要秉持对游客负责的态度，做到言而有信，否则会造成不良的社会影响，最终阻碍企业和个人的发展。

在线学习

关键词点击　　知识链接　　案例分享　　线上练习

工作评估表

标准 \ 等级	优秀	良好	及格	不及格
线路题目设计科学性				
线路特色设计的合理性				
旅游线路设计的科学性				
报价的合理性				
注意事项与线路结合的紧密性				
团队精神				
工作态度				
创新能力				
总体评价				
自我总结				

拓展实践

选择一条经典的旅游线路，并为其设计产品的面市形态。

主要参考文献

1. 国家旅游局人事劳动教育司.旅行社经营管理[M].北京：旅游教育出版社，1999 年.

2. 魏敏.旅游市场营销[M].长沙：中南大学出版社，2005 年.

3. 万剑敏.旅行社产品设计[M].北京：旅游教育出版社，2008 年.

4. 韩玉灵，邓德智.研学旅行指导师理论与实务[M].北京：中国旅游出版社，2020 年.

5. 张敏.中国会展研究 30 年文选[M].上海：上海交通大学出版社，2009 年.

6. 张显春.会展旅游[M].重庆：重庆大学出版社，2007 年.

7. 苏文才.会展概论[M].北京：高等教育出版社，2004.

8. 李陇堂，赵多平.红色旅游开发与规划研究[M].北京：中国社会科学出版社，2015 年.

旅　行　社　经　营　管　理　实　务

模块三

旅行社产品营销

张　骏　董红艳　主编

南京大学出版社

内容简释

旅行社产品营销是旅行社为了满足旅游者需求和旅行社的经营目标，根据目标市场需求特征，对产品进行构思、定价、促销和分销的过程。在互联网时代的影响下，旅游业与电子商务产生密切联系，旅行社通过电子商务开展业务也成为工作的一部分。本模块主要对旅行社产品营销的产品定价策略、渠道与促销以及门市销售各项工作进行分析，并结合当下旅游业发展趋势，介绍旅行社电子商务工作。本模块还融入了公序良俗、职业道德等课程思政内容。

能力目标

1. 掌握旅行社产品定价策略，能根据旅行社产品类型、特点合理制定产品价格。
2. 掌握旅行社不同销售渠道策略，了解销售渠道发展趋势，能通过不同方式有效宣传推广旅行社产品。
3. 掌握旅行社产品门市销售流程和技巧，能根据实际情况灵活应对。
4. 了解旅行社电子商务基本工作，掌握网站管理、营销方式等内容。
5. 理解并践行职业道德、公序良俗等要求，具备安全意识，诚信友善待客等。

项目分解

项目一　旅行社产品定价策略
项目二　旅行社产品渠道与促销
项目三　旅行社产品门市销售
项目四　旅行社电子商务开展

目　录

信息化资源目录

续 表

项　目	信息化资源	页　码
项目三　旅行社产品门市销售	**配套微课：** 旅行社产品门市销售	18
	关键词点击： 购买决策心理 门市对客服务 三唱一复 客户档案	
	在线学习： 知识链接 案例分享 线上练习	35
项目四　旅行社电子商务开展	**配套微课：** 旅行社电子商务开展	37
	关键词点击： 电子商务网站 旅游新媒体营销 电子货币 Web 数据挖掘	
	在线学习： 知识链接 案例分享 线上练习	48

项目一

旅行社产品定价策略

配套微课

旅行社产品定价策略在旅行社产品营销过程中是非常重要的一个环节，旅行社产品价格对市场变化较为敏感，它既会影响游客的购买意愿、旅行社的经济营收，也会对旅行社在市场中的竞争力产生影响。旅行社产品的定价具体包括以下任务：

任务 1.1　产品价格要素分析

任务 1.2　市场接受程度调查

任务 1.3　确定产品基本价格

任务 1.4　定价策略应用

任务 1.1　产品价格要素分析

旅行社产品的价格主要由成本和利润两部分组成，前者对价格的影响最为明显。由于不同类型的旅行社产品构成要素各不相同，产品成本价和最终价格也会因此而变化。所以在确定最终价格前，首先要了解不同旅行社产品的价格构成要素。

一、组团包价

组团包价一般由房费、文娱活动费、标准餐饮费、综合服务费、城市间交通费和专项附加费六大部分组成。

（一）房费

1988 年以前，房费属于综合服务费用，旅游饭店为旅行社提供的客房一般为标准间，并为旅游团队提供折扣优惠。1988 年以后，我国旅游者的住房条件得到了明显的改善，不同类型、不同级别的旅游饭店越来越多，房费也因此从综合服务费用中独立出来。

（二）文娱活动费

文娱活动费1990年前属于综合服务费用，并且旅行社在安排旅游团队活动中应当将其作为固定节目安排。文娱活动费主要包括大型演出等文化表演和娱乐活动等订票费用。

（三）标准餐饮费

标准餐饮费1991年后作为独立费用，主要是指正餐费用(包括午、晚餐)，如果游客有其他需求，通常采取标准餐饮费加餐差的做法。

（四）综合服务费

综合服务费主要包括基本交通费、翻译导游费(地陪劳务费)、全程陪同费(全陪差旅费和劳务费)、组团和接团费(组团社和接团社毛利)等。

（五）交通费

交通费是指旅游团在城市之间及城市内的转移过程中产生的交通费用，根据交通工具、座位等级、游客数量的不同也会存在差异。

（六）专项附加费

专项附加费包括汽车超公里费用、游览江河的费用、参观游览旅游景点门票费、专业活动费、不可预见的费用、途中的饮料费、行李搬运费和票务手续费等。

二、半包价

半包价是指在组团包价的基础上扣除午餐和晚餐费用后的价格。该形式不仅降低了旅行社产品的直观价格，也为游客提供了用餐的自由选择权。

三、小包价

小包价由旅行社接送费、饭店房费、早餐费和旅行社手续费构成。游客在旅游过程中具有更大的自主选择权。

四、单项服务价格

单项服务价格由旅游者委托的服务项目费用和旅行社手续费构成。

五、特殊形式的旅游收费

修学旅游、会议旅游、山涧旅游、体育旅游等特殊的旅游形式，在执行组团包价的时候应该根据各自的特点收取费用，并扣除未参与项目的费用。

任务 1.2 市场接受程度调查

产品开发设计完成后，为了保证能够在产品投放市场后获得尽可能多的经济收益，旅行社可以通过组织产品试销活动，以了解市场对产品的接受程度，调整并优化产品的定价、促销和销售渠道等营销策略。在产品预宣传、并对不同群体开展产品质量调查后，旅行社可以开展质量把控，提高市场接受程度。

一、产品预宣传

在信息化时代，好的宣传可以为旅行社带来经济、声誉等多方面的好处。市场试销阶段，旅行社除了在网络社交平台中进行产品宣传，还可以制作各式宣传册。宣传册作为有形的宣传工具，对旅行社在门市销售宣传旅游产品至关重要。宣传册的设计与制作和旅行社产品的制作宣传也密切相关，宣传册的内容一般包括旅游目的地简介、旅行日程安排、食宿和交通安排等，在试销过程中将宣传册内容详尽地向消费者介绍、推销。

二、产品质量调查

在市场接受程度调查过程中，开展产品质量调查可以更好地对产品进行优化。

（一）游客层面

游客作为消费者，对产品的质量最有发言权。通常，旅行社会采取问卷调查的方式去了解游客在旅游过程中对食宿状况、线路规划合理性、导游服务等各方面的反馈。除此之外，旅行社还可以在游客消费体验结束后去调查统计游客的投诉数量和严重程度，以加强后续对产品的质量把控。

（二）外部机构

旅行社在市场经营活动中，也会受到来自旅游行业、政府相关部门等多个机构的外部监督，产品的质量、价格合理性等都是非常重要的调查对象。因此，通过外部机构调查，可以更为客观、规范地对产品做出调整。

在通过上述措施后，旅行社的管理人员能够掌握充足的市场接受程度信息，在整合分析这些反馈的基础上再进行产品营销策略的调整。

任务 1.3 确定产品基本价格

成本加成法作为旅行社确定产品基本价格的传统方法之一，应用较为普遍。由于旅行社产品主要的购买人群是游客，其本质上属于服务产品，但不同于一般的服务产品，旅行社产品具有较强的综合性，它所包含的诸如餐饮、酒店、交通费用等多数服务项目、服务内容都是从相关企业采购而来。因此，旅行社产品的直接成本较高，进行产品定价时，成本加成的定价方法成为旅行社的首要选择。

成本加成法是以成本为中心的一种常见的定价方法，通过在产品单位成本的基础上增加一定比例，确定产品售价。从理论上讲，旅行社产品的价格应包括直接成本、各种费用、税金、利润和固定资产折旧等。但在旅行社的实际业务运行中，人们一般将产品的售价简单表示为“直接成本＋利润”。这里的利润是包含旅行社各种费用、税金和折旧在内的利润。它通常根据直接成本的一定比例来确定。这个比例，可以是旅行社预期的利润率，也可以是旅行社经营管理人员的经验数据。但无论如何，这一比例的大小都受本地区旅行社行业平均利润率的影响。事实上，在目前我国的旅行社中，除去一些由于各种原因，在经营或产品方面具有垄断性的旅行社外，绝大多数旅行社采取的都是行业平均利润率。因此，成本加成的公式便可以表示为：

旅行社单位产品基本价格＝单位产品直接成本×(1＋平均利润率)

成本加成法计算简便，也能保障旅行社的营业利润。但是旅行社产品的价格同时还会受到市场供需关系、同行竞争关系等外在环境的影响，因此在通过成本加成法确定基本价格后，旅行社还应采取顾客导向的价格策略，对产品基本价格进行必要的修订，以更好、更灵活地适应市场的需要。

除此之外，确定产品基本价格的方法还包括目标利润定价法和边际贡献定价法等。旅行社为了在一定时期内收回投入企业的资金，通常会采用目标利润定价法。目标利润定价法同成本加成法一样，也是基于保护旅行社的利益来确定产品价格，它可以保证旅行社在预定的回收期内收回投资、目标利润和收益率。通常，该方法可以表示为：

单位产品价格＝(总成本＋目标利润总额)/预期销售总量

而边际贡献定价法是在同类旅行社产品供过于求、市场竞争激烈时常用的定价方法，主要包括产品变动成本和对固定成本的贡献两个要素。这种方法可以帮助旅行社保住市场份额，维持企业生存，并且具有一定的灵活性，根据市场需求和季节的变化随时调整产品价格。

任务 1.4 定价策略应用

旅行社产品的需求弹性大，价格高低对旅游者的购买行为、旅行社的销量和利润的影响十分明显。为了稳定旅行社在市场中的竞争力，常用的定价策略主要有以下四种。

一、取脂定价策略

取脂是指将浮在牛奶表层的油脂撇出。取脂定价策略，又称撇脂、撇油定价策略，是指将产品高价投放进市场，以使旅行社在短期内获得高额利润的定价策略。它适用于经营具有垄断性和需求缺乏弹性的某种新、特产品，并且最好处于产品投放初期，此时旅游者对此类产品价格反应不敏感，竞争也不激烈，旅行社也可以获得高额利润。

取脂定价策略不仅可以帮助旅行社快速收回投资成本，还存有一定的降价空间，吸引旅游者。但是当其产品尚未在消费者中建立声誉之前就实行高价投放，不利于开拓市场。与此同时，如果高价投放销路仍然很好，则会迅速招致竞争者，致使竞争白热化，企业的高额利润自然也就会随着竞争的加剧而降低。因此，如果想长期采取这一策略，旅行社就必须不断进行产品创新。

二、渗透定价策略

不同于撇脂策略，渗透定价策略是以低价将新产品投放市场，通过尽快扩大产品销量，获得较大的市场份额。渗透定价策略有利于旅行社迅速渗透市场，排斥竞争者的加入，并且适用于具有大批量接待能力、经营缺乏垄断性和需求富有弹性的产品。但由于定价较低，旅行社可获得的利润也变低，资金回收期变长，价格变动余地小，很难再降低产品价格以吸引更多的游客。

三、心理定价策略

心理定价策略是指根据消费者的不同消费心理，采用科学定价方法灵活调整产品的价格，刺激和迎合消费者的购买需求。常见的心理定价策略主要包括尾数定价法、声望定价法和吉祥定价法。

(一) 尾数定价法

尾数定价法，又称为零头定价，是相对于整数定价法而言的。它是指旅行社在确定产品价格时，采用低于但又非常接近于一个整数的数字作为产品的销售价格。例如某产品原定价格为 1 000 元，但最终确定价格为 998 元，虽然只有 2 元之差，但是可以刺激消费者购买欲望。

(二) 声望定价法

该法是指有声望的企业采取的高价策略,从而体现产品的高品质形象,一般名牌企业经常使用这一定价策略。

(三) 吉祥定价法

此法是采取具有吉祥意义的数字作为产品销售的策略。

四、折扣定价策略

为了增加产品销量、加快资金周转,折扣定价策略在现实生活中较为常见,灵活性较强,主要有以下四种折扣方式。

(一) 现金折扣法

该法指旅行社为在约定时间或提前付款的客户提供一定比例的优惠,享受现金折扣。

(二) 数量折扣法

数量折扣是旅行社根据客户购买的产品数量决定折扣的高低的定价方法,该法可以鼓励客户大量购买或者多次购买旅行社产品。

(三) 功能折扣法

功能折扣,也叫交易折扣,指旅行社按照各类旅游中间商在市场中扮演的不同角色提供不同的价格折扣。

(四) 季节折扣法

该法是指旅行社为了提高产品在旅游淡季时的销售额,向旅游者给予的折扣优惠。

课程思政重点

职业道德

职业道德的概念有广义和狭义之分。广义的职业道德是指从业人员在职业活动中应该遵循的行为准则,涵盖了从业人员与服务对象、职业与职工、职业与职业之间的关系。狭义的职业道德是指在一定职业活动中应遵循的、体现一定职业特征的、调整一定职业关系的职业行为准则和规范。

一般而言,职业道德的含义包括以下八个方面:(1) 职业道德是一种职业规范,受社会普遍的认可。(2) 职业道德是长期以来自然形成的。(3) 职业道德没有确定形式,通常体现为观念、习惯、信念等。(4) 职业道德依靠文化、内心信念和习惯，通过员工的自律实现。(5) 职业道德大多没有实质的约束力和强制力。(6) 职业道德的主要内容是对员工义务的要求。(7) 职业道德标准多元化，代表了不同企业可能具有不同的价值观。(8) 职业道德承载着企业文化和凝聚力，影响深远。

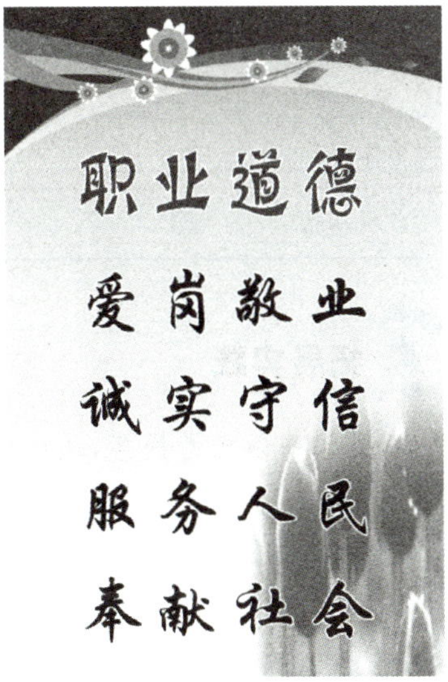

可见，职业道德在不同的行业和岗位有不同的具体含义。对于旅行社企业而言，首先要遵循国家倡导的“爱岗敬业，诚实守信，办事公道，服务群众，奉献社会”的职业道德总体性要求。同时，还需要体现出行业的特点，比如：主动维护旅游者权益，保护旅游目的地资源，倡导文明旅游，培养人文关怀意识等都是旅游业职业道德的题中之义。旅行社工作人员只有遵守“职业道德”，积极做好服务工作，才能促进旅游者满意度的提升。

在线学习

关键词点击　　知识链接　　案例分享　　线上练习

工作评估表

等级 标准	优　秀	良　好	及　格	不及格
解析不同类型旅行社产品的价格构成要素				
利用成本导向法初步确定旅行社产品的基本价格				
熟练掌握常见的四种旅行社产品定价策略				
明确各种定价策略的使用条件，并灵活选择运用				
团队精神				
工作态度				
创新能力				

续　表

等级 标准	优　秀	良　好	及　格	不及格
总体评价				
自我总结				

拓展实践

设计一条旅游线路，运用成本加成计价法和恰当的定价策略为其确定产品价格。

项目二

旅行社产品渠道与促销

配套微课

旅行社产品促销可以帮助消费者了解产品信息，实现消费者和商家的沟通，甚至最终购买旅游产品，产品的开发设计、定价、促销最终目的也是为了实现销售，而通过何种渠道进行产品销售也至关重要，本项目主要包括以下任务：

任务2.1 产品销售渠道

任务2.2 多媒体促销

任务2.3 公共关系促销

任务2.4 其他方式促销

任务2.1 产品销售渠道

在销售环节中，产品从旅行社到消费者手中所经历的一系列过程就是销售渠道发挥的作用。销售渠道将旅行社和消费者联系起来，它的畅通与否会对产品销售成功与否、销量高低产生直接影响。直接销售渠道和间接销售渠道是销售渠道的主要组成部分，但旅行社在选择销售渠道过程中也需要综合考虑各种主客观因素，最后作出选择。

一、常见的销售渠道

（一）直接销售渠道

直接销售渠道是指旅行社和旅游者直接进行产品交易，中间不经过任何中间商，也没有任何中间环节。这种方式将产品和销售结合，既简便又灵活，没有了中间环节，也能及时投放产品，并获得市场回馈。但是这种方式对旅行社的规模、实力等有很高的要求，如果客源市场过于分散，再加上旅行社实力不够，覆盖面窄，就难以实现招揽旅游者的目标。

（二）间接销售渠道

不同于直接销售渠道，间接销售渠道是指旅行社在通过旅游代理商等中间商再将产品销售给旅游者的方式，可能经历一个甚至多个中间环节。间接销售渠道覆盖面较广，可以影响到更广泛的旅游者群体；在旅游中间商的作用下，通过了解不同市场的特征，还可以针对性地进行产品销售。同时，经历的这些中间环节会造成产品成本上升，从而价格变高，中间环节越多，旅行社就越难把握对中间商的控制，产品价格也越高。

二、影响销售渠道选择的因素

除了直接和间接销售渠道这一广泛使用的策略，还有长渠道和短渠道、宽渠道和窄渠道等多种策略。在选择销售渠道的过程中，需要考虑的因素非常多，如市场、旅行社自身能力等，它们的情况、变化与销售渠道的选择密切相关，只有选择正确、合适的销售渠道，才能保证销售目标的顺利实现。

（一）产品

处在不同生命周期的旅行社产品、淡旺季的旅游市场差异等因素都要求旅行社能够灵活地选择销售渠道。例如，当产品处于开发设计周期时，市场熟悉程度低，就应当采取直接销售渠道，让销售者直接接触消费者，以扩大市场；而当发展到成熟期时，产品销售的增长速度下降，旅行社对数量变多的中间商的控制力下降，此时就应当加强对渠道的控制。

而随着天气、闲暇时间等外在因素的影响，旅游者的出行需求有淡旺季之分，旅行社产品的销量也随之变化。旺季时，预计产品的销量会上升，此时应当采取短渠道和宽渠道，迅速扩大产品市场占有率；反之则采取窄渠道。

（二）市场

市场对销售渠道选择的影响主要体现在两个方面，一是市场集中程度，二是目的地与客源市场的距离。一方面，如果市场较为集中并且范围小，就可以采取短渠道，而市场范围比较大并且较为分散时，则需要采取长渠道策略。另一方面，当目的地与客源市场距离较远时，有中间商参与的间接销售渠道更为合适，反之，则应当采用直接销售渠道。

（三）旅行社自身能力

旅行社自身在财务、名声、管理等方面的能力大大影响了它对销售渠道的控制能力。如果旅行社的财务状况良好，市场口碑也不错，则可以自行组织销售网点，采取直接销售渠道；但是如果经济实力较弱或管理能力不强，则间接销售渠道最为合适。

三、销售渠道策略

旅行社的销售渠道策略是根据销售渠道的类型、各种影响因素综合考虑作出的决策。上述的直接销售渠道和间接销售渠道都属于销售渠道长度策略，即根据销售环节中所需的中间商数量进行评估选择。此外还有销售渠道宽度策略，常用的销售渠道宽度策略有以下三种。

(一) 广泛性销售渠道策略

该策略是指旅行社将旅游产品广泛地交给旅游批发商、零售商，通过这种方式扩大产品的销路，加强消费者与旅行社之间的联系。而这一策略对旅行社的财力投入有较大要求，也容易产生激烈的市场竞争。

(二) 选择性销售渠道策略

选择性销售渠道策略往往是旅行社在采用广泛性销售渠道策略之后的选择，通过选择性销售渠道策略，旅行社能够与销量、营销能力等方面较为优秀的中间商合作，建立亲密合作关系，从而实现利益最大化，减少不必要的中间成本。

(三) 专营性销售渠道策略

这种策略类似于日常所说的代理制，即在一定阶段内、一定地区内严格限制中间商的数量，并且该中间商不得经营销售旅行社竞争对手的产品，这有利于双方之间的亲密合作关系，还能提升对市场的控制力。因此，旅行社需要注意正确选择中间商，并降低对中间商的依赖度。

任务 2.2　多媒体促销

随着社交媒体平台的快速发展，旅行社可选择的促销方式越来越多样。除了传统的媒体广告外，微博、微信、抖音等媒体平台也成为旅行社重要的促销方式之一，这也是旅行社积极适应社会变化的反映之一，旅行社可以选择方便、适合自己的促销方式开展产品销售。

一、传统广告

传统广告主要是指大众传播媒体广告，在进行旅游广告促销之初，旅行社企业首先必须根据促销的目的和产品的性质选择合适的媒体。

传统的媒体广告主要包括电视广告、杂志广告、报纸广告、广播广告、户外广告和互联网网络广告等，每种媒体又存在为数众多的载体，如特定的电视节目、杂志等。媒体广告作为重要的旅游促销方式由来已久，不同的媒体具有各不相同的特点，下表显示了主要的广告媒体及其优缺点比较。

广告媒体及其特点

广告媒体	优　点	缺　点
电视	综合视觉、听觉和动作，富有感染力，能引起高度注意，触及面广，及时，地域可选择性强	费用高，时间短，观众选择性差

续　表

广告媒体	优　点	缺　点
杂志	地域人群可选择性强，阅读和保存时间长，印刷效果好，可提供精美图画	发行量少，价格偏高，时效性差
报纸	灵活、及时，地域可选择性强，覆盖面广，费用较低	保存性差，干扰多。缺少形象表达手段
广播	地域可选择性强，覆盖面广，及时	不能保存，听众选择性差
户外广告	可直接面对目标市场，醒目、灵活，展示时间长	内容受局限，摆放地点观众选择性差，费用较高
互联网	覆盖面广，传播迅速，费用低廉，高度交互性，表现力强，信息可及时反馈	广告点击率低
车身广告	地域可选择性强，费用低，直观，触及面广	人群可选择性弱，表现内容有限

（一）广告策划

旅游广告策划是一项复杂的系统工程，必须遵循一定的步骤或程序进行。一般而言，一项完整的旅游广告策划活动包括了调查、策划、实施和评估四个基本程序，具体为成立策划班子、开展市场调研、实行广告定位、确定广告目标、进行广告创意、选择广告媒体、预算广告费用、形成广告策划书、发布广告作品、评估广告效果十大环节。其中，广告策划是整个广告活动过程的核心和灵魂，对广告活动具有指导性和决定性的作用。旅游广告策划贯穿于旅游广告活动的各个阶段，涉及旅游广告的各个方面。任何希望成功开展的旅游广告活动，都离不开对旅游广告的精心策划，需要尽最大可能地使旅游广告能“准确、独特、及时、有效、经济”地传播信息，以宣传旅游企业与旅游产品，引导消费，促进销售，开拓市场。

（二）广告作品形成与发布

在旅游广告的定位（主题）、目标、创意、媒体与费用确定后，如果要付诸实施，还必须对旅游广告的表现形式、旅游广告的发布时间和地区等进行研究，形成旅游广告策划书。

广告常见的表现形式有文案、图案、图片、录像。但文案、图案、图片、录像在不同媒体上的表现形式又各有不同：电视广告有说明型、证明型、名人推荐型和故事型等；广播广告有直接型、对话型、访问型等，应依广告目标与条件选择最佳的媒体表现形式。中国目前的旅游广告，大多采用说明型的广告，这种广告不够生动，而推荐型和故事型的现身说法，可以增加信任感，应在今后的旅游广告策划中予以充分应用。

1. 旅游广告的时间选择

旅游广告强调及时性和有效性，旅游活动具有非常明显的季节性，因此选择合适的时间进行广告宣传十分重要，一旦错过时间，则会由于旅游产品的不可存储性而失去广告的意义。尤其是一些特定季节的旅游线路,如哈尔滨的冰灯节和青岛的樱花节,这些旅游节庆活动或专题活动,并非终年存在,广告时间安排和选择尤其重要。以每年7、8月为例,中小学生正值暑假,时间充裕,这期间研学旅行活动非常热门,旅行社可以提前规划旅游行程,并投放旅游广告。同时,由于天气炎热,水上活动非常热门,如方特水上乐园、杭州龙井峡漂流等景点也是旅行社可以宣传的重点。

2. 旅游广告策划书的撰写

旅游广告策划书是旅游广告策划的产物,是在广告调研的基础上,制定出广告目标和策略后,将广告策划所形成的战略、策略、方法、部署、步骤以书面的形式表现出来,是广告的主题、目标、对象、创意、媒体、费用、发布、评估等一系列决策的总结,为广告实施提供一个行动大纲。一般而言,一份完整的广告策划书主要包括八个方面的内容:前言、市场分析、广告战略、广告对象、广告地区、广告战术、广告预算及分配、广告效果预测。

3. 发布旅游广告作品

旅游广告创作完成之后,就要将完成的旅游广告作品送到预定的媒介刊播,同时需要对刊播的质量、日期实施监督。

二、旅游微博促销

旅游微博主要是指借助微博这一社交媒体平台,与旅游相关的利益主体分享、传播旅游相关信息,是一种新型的旅游信息传播平台。旅行社通过注册并认证官方微博账号,就可以在平台中发布旅行社相关活动以及产品信息,吸引广泛的微博用户。

三、旅游微信促销

微信目前已经成为社会大众交流中不可或缺的一部分,旅游微信促销也是市场发展的必然需求。通过旅游微信促销,传播速度快,受众面广,消费者可以实现了解产品、信息沟通、产品购买、售后服务等一站式旅游服务,具有亲民化的特征。

四、抖音短视频促销

短视频是指在各种新媒体平台上播放的,能够在移动状态、短时间、休闲状态下观看并实时推送的视频,长短在数十秒到几分钟不等。其中年轻群体是短视频的主要发布者、观看者,通过对这一群体开展的抖音促销,也能加强潜在消费者与旅行社的交互性。

目前,国内中大型旅行社基本都设有自己的官方媒体账号,根据季节特征、人群特征、旅游热门趋势等发布相关信息,并保持各平台的信息同步更新。

任务 2.3 公共关系促销

维护公共关系的目的是指为了与广大消费者以及部分企业的友好关系，而具体到旅行社公共关系的促销，主要是为了发展旅行社与社会、公众之间的良好关系，多方进行信息沟通，最终实现有利于旅行社经营状况的目的。一般而言，旅行社的公关活动都是以具体的产品品牌为中心进行的，大致包括以下几个方面。

一、针对新闻界的公关活动

新闻媒体具有可信度高、影响面广、传达力强和宣传成本低的优越性，它强有力地影响着公众的态度。因此，旅行社要想提高其知名度，建立并维持良好的形象与声誉，就必须将新闻媒体作为一个重要的公关对象，与它们保持经常的、广泛的、良好的关系，充分利用新闻媒体开展宣传促销活动，善于不断地寻找新闻、制造新闻，吸引新闻舆论和公众的注意，如定期向新闻媒体提供新闻稿件、邀请电视台新闻记者进行线路考察和全程报道、在展销会的同时召开记者招待会或者新闻发布会等，以借助新闻媒体传播产品信息，扩大旅行社的影响。

二、针对旅游消费者的公关活动

旅游消费者是旅行社最重要的外部公众之一，他们对旅行社的评价决定着旅行社能否保持和扩大市场份额。因此，旅行社应加强与旅游消费者的沟通，主动定期或经常性地向旅游消费者介绍本企业的情况，征求其意见和建议，争取其支持和理解，及时消除他们的不满，提高对服务质量的重视。

三、针对政府部门的公关活动

旅游业是个对政策法规变化十分敏感的行业。因此，旅行社不仅要服从政府的监督，遵守政府制定的各项法律和法令，更要设法与政府部门特别是旅游主管部门建立稳定的沟通关系，以赢得政府部门的信赖和支持。

四、针对其他相关公众的公关活动

旅行社面对的公众是多层次、多种类、多部门的，除了要和新闻界、旅游消费者、政府部门保持良好的沟通关系外，还应通过公共关系不断完善与相关企业、社区以及其他相关公众的关系。通常可以采用召开同业经验交流会与研讨会、资助社会公益事业、参与和赞助社区活动、出版刊物和音像宣传资料等方式与公众沟通，强化与各有关公众之间的情感联络，以赢得公众好感，进而赢得潜在旅游消费者对旅行社产品的认同。

通过和不同群体构建公共关系并开展促销活动，既扩大了潜在消费市场，也有利于扩大旅行社名声，让更多群体了解旅行社。

任务 2.4 其他方式促销

除了上文介绍的几种常见的旅行社产品促销方法之外，随着时代的发展，越来越多的旅游促销方法也被旅行社企业所运用。

一、直接营销法

直接营销也是近年来发展迅速的一种促销方式。它包括三种主要形式。

(一) 人员推销

它是指旅行社通过委派销售人员，直接向潜在客户推销产品。这是一种比较传统的直接营销方式。人员推销既可以是推销人员与消费者之间个别接触，也可以通过开展宣传讲座、会议等方式进行人员推销。

(二) 直接邮寄

这是近年来普及的一种新的直接营销方式。它是指旅行社通过直接向旅游者寄送产品目录或宣传品推销产品。

(三) 电话

它包括向内(inbound)和向外(outbound)两种方式。向内电话营销，是指旅行社通过公布免费电话，吸引旅游者使用电话查询或预订产品；向外电话营销，是指旅行社销售人员通过电话劝说旅游者购买其产品。

二、现场传播法

现场传播是指旅行社通过营业场所的布局、宣传品的陈列与内部装饰等向旅游者传播产品信息，增强旅游者购买的信心，促进旅游购买行为的产生。

课程思政重点

公序良俗

公序良俗是公共秩序和善良风俗的简称，前者主要指社会一般利益，包括国家利益、社会经济秩序和社会公共利益。良俗，即一般道德观念或良好道德风尚，包括社会公德、商业道德和社会良好风尚。为了弥补立法时禁止性规定可能存在的不足，我国在《民法总则》中多次提及“公序良俗”。

作为市场经营主体之一，部分旅行社会采用一些“博出位”“吸引眼球”的虚假宣传方式，以达到扩大客源、获取利润的目的。例如2018年，重庆某旅行社在知晓酒店行程还未确定的情况下，向游客虚假宣传旅游行程，甚至夸大旅游住宿等情况，最后导致游客夜无居所。

诸如上述做法不仅破坏了市场秩序和消费者利益，损坏旅行社名声，同时企业也违背了商业道德，不利于社会良好风尚的传播，与《民法总则》多次提到的公序良俗相悖。同时《旅游法》第三十二条也规定，旅行社为招徕、组织旅游者发布信息，必须真实、准确，不得进行虚假宣传，误导旅游者。

因此，旅行社营销工作不仅仅要遵守相关法律规定，也要遵守公序良俗，内心有一把衡量对错的标尺。同时在旅游活动开展中，旅行社工作人员还要提醒旅游者遵守出游的文明规范，遵守公序良俗。

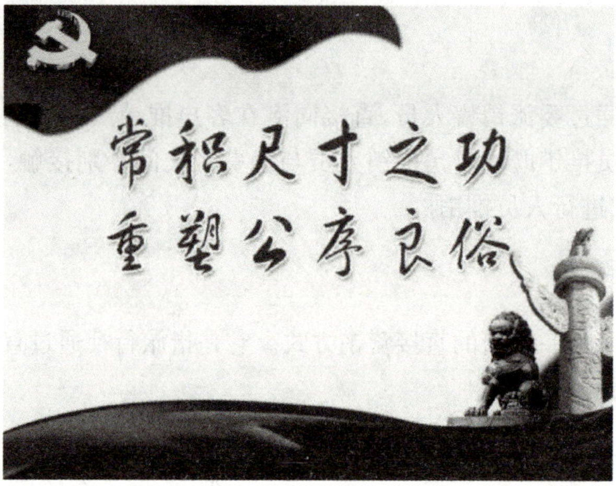

在线学习

关键词点击

知识链接

案例分享

线上练习

工作评估表

等级 标准	优 秀	良 好	及 格	不及格
正确选择旅游广告媒体				
合理使用公关关系促销				

续　表

标　准＼等　级	优　秀	良　好	及　格	不及格
正确使用微信、微博等多媒体平台促销				
正确使用销售推广的促销方式				
正确使用直接营销法和现场传播法促销旅行社产品				
团队精神				
工作态度				
创新能力				
总体评价				
自我总结				

拓展实践

请根据熟悉的旅行社产品，设计营销的渠道与方式，撰写一份营销计划书，要求具有落地性和实操性。

项目三

旅行社产品门市销售

配套微课

旅行社门市是消费者对该旅行社产生第一印象的地点，无论是门市的装修、卫生等面貌，还是旅行社工作人员的服务态度、专业性和行为举止等，都会作用于消费者的“第一印象”，从而对消费者的产品购买行为产生影响。好的门市面貌和好的服务才能为旅行社带来可观的经济效益，因此做好旅行社产品门市销售环节很有必要，具体包括以下内容：

任务 3.1　购买决策分析

任务 3.2　门市对客服务

任务 3.3　门市销售流程

任务 3.4　客户关系维护

任务 3.1　购买决策分析

旅游者在外界刺激下，受到不同旅游动机的支配，为了满足较高层次的心理需要，选择、购买旅游产品的这一过程就是购买决策。这既是一种较为复杂的产品评价过程，也是一种非日常性的高层次消费。只有对旅游者的购买决策行为有一个清晰的认知和了解，旅行社才能“对症下药”，开展销售业务。

一、购买决策类型分析

不同旅游者购买决策类型也不一样，依据不同标准也可以将其划分为不同的类型。具体划分类型如下所示：

按旅游者性格特点划分，旅游者的购买决策可以分为：习惯型、理智型、经济型、冲动型、想象型、不定型和疑虑型。

按旅游者购买产品的确定程度与决策行为可以划分为：全确定型、半确定型和不确定型。

按旅游者购买的目的划分，则可以分为：观光型、娱乐消遣型、文化知识型、公务型和医疗保健型。

按旅游购买决策单位来划分，则包括旅游消费者购买决策和组织购买决策两种。其中，前者由个体旅游购买决策和群体旅游购买决策组成，后者由一般组织购买决策和中间商购买决策组成。

二、购买决策心理分析

旅游购买决策作为消费者的自主决策，会受到来自各个方面的影响，除了文化、社会阶层、家庭等方面，消费者的心理因素在购买决策中也起着至关重要的作用。

（一）动机

动机是旅游者购买行为的原驱动力，直接推动人们去追求满足的需要，购买行为就是在一定动机支配下产生的。旅游购买决策的动机非常多样。为了追求身体健康，消费者希望在旅途中能够放松精神、消除烦躁心理，释放压力；为了提升文化修养，消费者希望在旅游活动中实现求知欲的满足，参与欣赏异地文化；为了加强交际，消费者也会参与旅游活动，致力于摆脱日常生活压力和家庭繁杂事务，多接触他人；为了提升个人地位和声望，在交通工具和电子设备快速发展的大背景下，消费者也会参与会议旅游、研学旅游等关系个人成就和个人发展的旅游活动。

（二）知觉

知觉是人们通过感官得到外部世界的信息后，大脑进行加工与综合产生的对某一事物的整体的认识。消费者购买决策中，即使旅行社提供的促销行为等服务一模一样，消费者个人动机也一样，但因为个人的感知差异，消费者也会做出不同的购买决策行为。

（三）态度和信念

个人的态度和信念使得人们往往对类似的事物表现出相当一致的惯性行为，不再进行深入思考。如果旅行社利用各种营销手段和措施，能确保产品和旅游者的既有态度相一致，旅游者的购买决策行为则会有利于旅行社的产品销售。

三、购买决策过程分析

由于旅游产品的购买决策属于一种高消费，并且较为复杂，因此消费者的购买决策过程也较为复杂，一般情况下，旅游者的购买决策过程由认识需要、搜集信息、判断选择、决定购买和购后评价五个部分组成。

（一）认识需要

消费者对旅游产品的认识需要既有可能来自内在的生理刺激，也有可能来自外在社会的刺激。当这种需要上升到一定程度，就能驱使人们作出购买决策。

同时，由于旅游产品是一种预消费产品，只有购后才能亲自体验，所以旅游购买决策也有一定的盲目性和冲动性，这时候旅行社工作人员就需要积极引导消费者，强化他们的旅游需要，并协助消费者确认、创造旅游需要。

（二）搜集信息

旅游需要产生后，消费者会下意识地或者有意去搜集旅游产品的相关信息。这些信息可能来自家庭、亲友、朋友等，也有可能是旅游广告、旅行社工作人员、旅游宣传册等商业来源。此外，诸如大众传播媒体、政府机构等公共来源和个人以往的旅游经验也是信息的来源。

因此旅行社工作人员可以通过市场调研，掌握旅游者的主要信息来源，以及不同来源对消费者购买决策行为的影响程度，从而有针对性地设计信息传播策略。

（三）判断选择

信息收集完成并充分了解后，消费者就会作出判断选择，他们需要综合考虑旅游产品属性、旅游产品效用、旅行社品牌等多种要素。当旅行社产品能满足消费者需要的特性、发挥的效用功能与消费者的需要一致，并且消费者对旅行社的品牌评价较高时，消费者就有可能作出正面的判断选择决策。

（四）决定购买

消费者经过上述的评估判断形成购买意向，并作出购买决策、实施购买行为，是整个购买决策过程的中心环节。购买决策除了对产品的决策，还包括品牌决策、代理商决策、支付方式决策、数量决策等多项内容。所以旅行社工作人员应当设法使消费者对产品产生信赖和认可，抓住购买决策的核心成员，推动最终的购买决策行为。

（五）购后评价

在结束购买行为和旅游体验后，产品的实际质量和旅游者期望的产品质量共同作用会导致旅游者形成不同的游后感知，如满意、不满意和困惑，并且这些感知还会影响旅游者的游后行为，如再次购买意愿、推荐意愿等，所以购后行为对旅行社来说仍具有重要意义。为了了解旅游者的购后评价，旅行社通常会在每次行程结束后一段时间内对旅游者进行电话回访或者是邮件回访，了解他们的满意度、推荐意愿和二次购买意愿，依此适当改善和调整企业的服务和产品。

任务 3.2 门市对客服务

旅行社门市作为旅行社和旅游者第一次面对面接触的场所，是旅行社的第一线，做好门市对客服务对形成旅行社核心竞争力至关重要。标准化、规范化的对客服务是旅行社形象的良好展示，也为产品的顺利销售奠定了基础，只有标准化、规范化的问题解决好了，才能够进一步追求工作的个性化。可以将旅行社产品销售人员（主要指门市工作人员）与客户初次接触的规范化行为分解为以下几个步骤。

一、进门问候

旅游咨询者走进旅行社后，旅行社工作人员首先要仔细观察，判断旅游咨询者进旅行社的意图，是随便问问，还是有旅游意向，有无某条线路或者某种旅游产品已经引起了旅游咨询者的注意。其次，旅行社工作人员要专注，看到旅游者已经进来了，就要转向旅游者，用眼神来表达关注和欢迎，注目礼的距离以五步为宜；在距离三步的时候就要面带微笑，热情地问候"您好，欢迎光临"，并用手势语言敬请旅游者坐下。最后，旅行社工作人员要主动为咨询者提供帮助，这极有可能促成一笔交易。

二、接触搭话

（一）搭话的机会

1. 旅游咨询者较长时间凝视某条宣传线路时。
2. 旅游咨询者把头从青睐的线路上抬起来时。
3. 旅游咨询者临近资料架停步用眼睛看某条线路的图片时。
4. 旅游咨询者拿起某条线路的资料时。
5. 旅游咨询者在资料架旁边寻找某条线路时。
6. 旅游咨询者把脸转向门市服务人员时。

这六大机会意味着旅游咨询者已注意到某项旅游产品，或者希望得到门市服务人员的帮助，门市服务人员可通过接触搭话使旅游咨询者的注意从无意注意转向有意注意，或者从对旅游业产品的注意发展到对该产品的兴趣。

（二）接触搭话的方法

接触搭话可采用打招呼法、介绍旅游产品法和服务性接触法。

1. 打招呼法

打招呼法适用于随意浏览的旅游咨询者，或者因门市服务人员正忙于接待别的旅游咨询者而无暇顾及的旅游咨询者，避免这位旅游咨询者产生被冷落的感觉而离去。

2. 介绍旅游产品法

介绍旅游产品法适用于正注意观察某种线路的旅游咨询者。实际操作过程中，介绍旅游产品法应该注意以下几个要点：

（1）门市服务人员这时应扼要地介绍旅游产品的亮点以引起旅游咨询者的兴趣，这时旅游咨询者一般不会说"我只是随便看看"，而门市服务人员却获得了推销线路的机会。

（2）介绍线路时需要直接、快速切入正题，不需要多余的礼貌。

(3) 常见的方法中的错误如“需不需要我帮您介绍一下”“能不能耽误您五分钟”。正确的方法应该是:“请允许我来帮您介绍一下。”

3. 服务性接近法

服务性接近法适用于对那些明确表明想要购买的旅游咨询者,特别是那些非常渴望旅游的咨询者。

在对客服务过程中,从业人员应当体现出自己的专业性,细心观察旅游者行为,在专业判断的基础上再进行下一步活动,同时也不能过于热情,长篇大论,避免客户产生不舒服的感觉。

任务 3.3 门市销售流程

门市销售应当为旅游者提供标准化、规范化的服务,在此基础上进一步优化个性化服务。在进行基本的对客服务和招待后,一般的门市销售流程主要包括推销旅游产品、签订合同、收取费用三部分。

一、推销旅游产品

(一) 出示旅游产品

出示旅游产品就是在旅游咨询者表明对某种旅游产品产生兴趣时,门市服务人员要立即取出该产品的宣传资料递给旅游咨询者,以促使其产生联想,刺激他的购买欲望。门市服务人员与旅游咨询者搭话以后,应尽快出示旅游产品,使旅游咨询者有事情可做,有东西可看,有引起兴趣、产生联想的对象。在出示旅游产品时,需要注意示范法等方法。

1. 示范法

示范法就是旅游产品的展示。例如,可以让旅游咨询者欣赏他中意的旅游产品的精美图片。这是进一步激发旅游兴趣,打消旅游咨询者疑虑的方法。

2. 感知法

感知法就是尽可能地让旅游咨询者想象、感受、体验旅游产品。例如,通过网络信息、旅游者论坛中的评论,让旅游咨询者实际感知旅游产品的优点,以消除旅游咨询者的疑虑:根据大众心理,绝大部分游客说好的、美丽的、值得去的,一般来说,旅游咨询者也会认为是好的、美丽的、值得去的。

3. 多种类出示法

多种类出示法适用于旅游咨询者对具体购买某种旅游产品还不确定时,门市服务人员可以出示几种行程相似或价格相近的旅游产品供其选择，但是这并不是说出示的旅游产品越多越好。

（二）旅游产品说明

旅游产品说明是指出示旅游产品的同时应向旅游咨询者提供旅游产品的有用信息。这时门市服务人员应实事求是地说明和介绍，并列举旅游产品的一些卖点或者亮点等特色。好的介绍能使门市服务人员掌握销售的主动权，并能刺激旅游咨询者的购买欲望。

（三）参谋推荐产品

参谋推荐就是根据旅游咨询者的情况，在旅游咨询者比较判断的阶段刺激旅游咨询者的购物欲望，促成购买。参谋推荐一般需要以下三个步骤：

1. 列举旅游产品的一些卖点或者亮点等特色。
2. 确定能满足旅游咨询者需要的特点。
3. 向旅游咨询者说明，购买此项旅游产品所能获得的利益。

参谋推荐的实质就是将旅游产品的一般特征转化为旅游咨询者所向往、所理解、所需要的个性化特征，即旅游咨询者利益的过程。

（四）提供购买建议

1. 直接建议法

旅游咨询者对旅游产品没有问题时，就可以直接建议旅游咨询者购买。例如，“国庆节后玩九寨沟，最合适不过了：秋天的九寨沟色彩最丰富、最美丽；现在的价格也是最合适，比国庆节便宜了 760 多块钱呢！您看我现在帮您报名怎么样？”

2. 选择旅游产品法

这是采用含蓄的方式参谋推荐促使旅游咨询者做出购买决定的方法。选择旅游产品法是询问旅游咨询者要买哪种旅游产品，而不是让旅游咨询者在买与不买之间进行选择。在选择的范围上，一般不超过两种，否则旅游咨询者难以做出决定。例如，可让旅游咨询者在诸如去云南的“昆大丽”还是去四川的“九寨沟黄龙”两条线路之间进行比较选择，或者是在去四川的“九寨沟黄龙”双飞还是四飞之间选择。

3. 化短为长法

旅游咨询者对旅游产品的缺憾犹豫不决时，门市服务人员应该将旅游产品的优点、好处全部列举出来，使旅游咨询者感到长处多于短处，促进旅游咨询者对旅游产品增长信心。

4. 机不可失法

这是让旅游咨询者感到错过机会就很难再买到，从而坚定旅游咨询者购买决心的方法，如特价、折扣、淡季促销、会员优惠等。运用“机不可失法”要使旅游咨询者感到：若现在不下定决心购买，以后不是买不到，就是价格上涨。但这种方法只有确认旅游咨询者喜欢该项旅游产品才可使用，否则事与愿违。

5. 印证法

旅游咨询者对旅游产品的个别问题持有疑虑、迟迟不愿做购买决定时，可介绍其他旅游者购买此项旅游产品后的满意度来印证门市服务人员所做的介绍，消除旅游咨询者的疑虑。但所介绍的事例要让旅游咨询者感到门市服务人员是真诚的，而不是强行推销。

二、签订合同

旅行社工作人员应当依法与旅游者订立书面旅游合同，其目的是维护旅游者和旅游经营者的合法权益。旅行社工作人员在与旅游者签订旅游合同时，要注意以下几点：

（一）掌握合同的全部详细条款，并具备深入浅出地解释相应法律、法规知识的能力；

（二）明确合同关系中有关双方权利与义务的条款，特别要注意：哪些是旅行社要承担的义务、旅行社享有哪些权利、旅游者要承担哪些义务并享有哪些具体权利等细节；

（三）注意与旅游者的特殊约定，一定要写入补充条款或者协议条款中，并且表述明确、翔实；

（四）注意签约时加盖公司印章及签写经办人姓名、旅游咨询者签名及有效证件号码和联系方式；

（五）旅游合同签订好后，如需要更改合同内容，一定要有文字记录和旅游者签名；

（六）熟悉国家规范合同文本、当地旅游管理部门和工商管理部门制定的地方性旅游合同文本。例如，上海市、四川省等旅游合同文本与(原)国家旅游局规范的旅游合同文本稍有不同。

目前，各地国内旅游合同多是基于(原)国家旅游局2014年颁布的团队境内旅游合同示范文本变更或补充而成的，具体规范文本如下：

表3-3　团队境内旅游合同示范文本

合同编号：________
旅游者：____等____人(名单可附页，需旅行社和旅游者代表签字盖章确认)； 旅行社：______________________________； 旅行社业务经营许可证编号：______________________________。

续 表

第一章 术语和定义

第一条 本合同术语和定义

1. 团队境内旅游服务，指旅行社依据《中华人民共和国旅游法》《旅行社条例》等法律、法规，组织旅游者在中华人民共和国境内(不含香港、澳门、台湾地区)旅游，代订公共交通客票，提供餐饮、住宿、游览等两项以上服务活动。

2. 旅游费用，指旅游者支付给旅行社，用于购买本合同约定的旅游服务的费用。

旅游费用包括：

(1) 交通费；

(2) 住宿费；

(3) 餐费(不含酒水费)；

(4) 旅行社统一安排的景区景点门票费；

(5) 行程中安排的其他项目费用；

(6) 导游服务费；

(7) 旅行社(含地接社)的其他服务费用。

旅游费用不包括：

(1) 旅游者投保的人身意外伤害保险费用；

(2) 合同未约定由旅行社支付的费用，包括但不限于行程以外非合同约定活动项目所需的费用、自行安排活动期间发生的费用；

(3) 行程中发生的旅游者个人费用，包括但不限于交通工具上的非免费餐饮费、行李超重费，住宿期间的洗衣、电话、饮料及酒类费，个人娱乐费用，个人伤病医疗费，寻找个人遗失物品的费用及报酬，个人原因造成的赔偿费用。

3. 履行辅助人，指与旅行社存在合同关系，协助其履行本合同义务，实际提供相关服务的法人、自然人或者其他组织。

4. 自由活动，特指《旅游行程单》中安排的自由活动。

5. 自行安排活动期间，指《旅游行程单》中安排的自由活动期间、旅游者不参加旅游行程活动期间、每日行程开始前、结束后旅游者离开住宿设施的个人活动期间、旅游者经导游同意暂时离团的个人活动期间。

6. 不合理的低价，指旅行社提供服务的价格低于接待和服务费用或者低于行业公认的合理价格，且无正当理由和充分证据证明该价格的合理性。其中，接待和服务费用主要包括旅行社提供或者采购餐饮、住宿、交通、游览、导游等服务所支出的费用。

7. 具体购物场所，指购物场所有独立的商号以及相对清晰、封闭、独立的经营边界和明确的经营主体，包括免税店，大型购物商场，前店后厂的购物场所，景区内购物场所，景区周边或者通往景区途中的购物场所，服务旅游团队的专门商店，商品批发市场和与餐饮、娱乐、停车休息等相关联的购物场所等。

8. 旅游者投保的人身意外伤害保险，指旅游者自己购买或者通过旅行社、航空机票代理点、景区等保险代理机构购买的以旅行期间自身的生命、身体或者有关利益为保险标的的短期保险，包括但不限于航空意外险、旅游意外险、紧急救援保险、特殊项目意外险。

9. 离团，指团队旅游者经导游同意不随团队完成约定行程的行为。

10. 脱团，指团队旅游者未经导游同意脱离旅游团队，不随团队完成约定行程的行为。

11. 转团，指由于未达到约定成团人数不能出团，旅行社征得旅游者书面同意，在行程开始前将旅游者转至其他旅行社所组的境内旅游团队履行合同的行为。

12. 拼团，指旅行社在保证所承诺的服务内容和标准不变的前提下，在签订合同时经旅游者同意，与其他旅行社招徕的旅游者拼成一个团，统一安排旅游服务的行为。

13. 不可抗力，指不能预见、不能避免并不能克服的客观情况，包括但不限于因自然原因和社会原因引起的，如自然灾害、战争、恐怖活动、动乱、骚乱、罢工、突发公共卫生事件、政府行为。

续 表

14. 已尽合理注意义务仍不能避免的事件，指因当事人故意或者过失以外的客观因素引发的事件，包括但不限于重大礼宾活动导致的交通堵塞，飞机、火车、班轮、城际客运班车等公共客运交通工具延误或者取消，景点临时不开放。 15. 必要的费用，指旅行社履行合同已经发生的费用以及向地接社或者履行辅助人支付且不可退还的费用，包括乘坐飞机（车、船）等交通工具的费用（含预订金）、饭店住宿费用（含预订金）、旅游观光汽车的人均车租等。 16. 公共交通经营者，指航空、铁路、航运客轮、城市公交、地铁等公共交通工具经营者。
第二章　合同的订立 第二条　旅游行程单 旅行社应当提供带团号的《旅游行程单》（以下简称《行程单》），经双方签字或者盖章确认后作为本合同的组成部分。《行程单》应当对如下内容作出明确的说明： （1）旅游行程的出发地、途经地、目的地、结束地，线路行程时间和具体安排（按自然日计算，含乘飞机、车、船等在途时间，不足24小时以一日计）； （2）地接社的名称、地址、联系人和联系电话； （3）交通服务安排及其标准（明确交通工具及档次等级、出发时间以及是否需中转等信息）； （4）住宿服务安排及其标准（明确住宿饭店的名称、地点、星级，非星级饭店应当注明是否有空调、热水、独立卫生间等相关服务设施）； （5）用餐（早餐和正餐）服务安排及其标准（明确用餐次数、地点、标准）； （6）旅行社统一安排的游览项目的具体内容及时间（明确旅游线路内容包括景区点及游览项目名称等，景区点停留的最少时间）； （7）自由活动的时间； （8）行程安排的娱乐活动（明确娱乐活动的时间、地点和项目内容）； 《行程单》用语须准确清晰，在表明服务标准用语中不应当出现“准×星级”“豪华”“仅供参考”“以××为准”“与××同级”等不确定用语。 第三条　订立合同 旅游者应当认真阅读本合同条款、《行程单》，在旅游者理解本合同条款及有关附件后，旅行社和旅游者应当签订书面合同。 由旅游者的代理人订立合同的，代理人需要出具被代理的旅游者的授权委托书。 第四条　旅游广告及宣传品 旅行社的旅游广告及宣传品应当遵循诚实信用的原则，其内容符合《中华人民共和国合同法》要约规定的，视为本合同的组成部分，对旅行社和旅游者双方具有约束力。
第三章　合同双方的权利义务 第五条　旅行社的权利 1. 根据旅游者的身体健康状况及相关条件决定是否接纳旅游者报名参团； 2. 核实旅游者提供的相关信息资料； 3. 按照合同约定向旅游者收取全额旅游费用； 4. 旅游团队遇紧急情况时，可以采取安全防范措施和紧急避险措施并要求旅游者配合； 5. 拒绝旅游者提出的超出合同约定的不合理要求； 6. 要求旅游者对在旅游活动中或者在解决纠纷时损害旅行社合法权益的行为承担赔偿责任； 7. 要求旅游者健康、文明旅游，劝阻旅游者违法和违反社会公德的行为。 第六条　旅行社的义务 1. 按照合同和《行程单》约定的内容和标准为旅游者提供服务，不擅自变更旅游行程安排；

续　表

2. 向合格的供应商订购产品和服务；

3. 不以不合理的低价组织旅游活动，诱骗旅游者，并通过安排购物或者另行付费旅游项目获取回扣等不正当利益；

组织、接待旅游者，不指定具体购物场所，不安排另行付费旅游项目，但是，经双方协商一致或者旅游者要求，且不影响其他旅游者行程安排的除外；

4. 在出团前如实告知具体行程安排和有关具体事项，具体事项包括但不限于所到旅游目的地的重要规定、风俗习惯；旅游活动中的安全注意事项和安全避险措施、旅游者不适合参加旅游活动的情形；旅行社依法可以减免责任的信息；应急联络方式以及法律、法规规定的其他应当告知的事项；

5. 按照合同约定，为旅游团队安排符合《中华人民共和国旅游法》、《导游人员管理条例》规定的持证导游人员；

6. 妥善保管旅游者交其代管的证件、行李等物品；

7. 为旅游者发放用固定格式书写、由旅游者填写的安全信息卡（包括旅游者的姓名、血型、应急联络方式等）；

8. 旅游者人身、财产权益受到损害时，应当采取合理必要的保护和救助措施，避免旅游者人身、财产权益损失扩大；

9. 积极协调处理旅游行程中的纠纷，采取适当措施防止损失扩大；

10. 提示旅游者投保人身意外伤害保险；

11. 向旅游者提供发票；

12. 依法对旅游者个人信息保密；

13. 旅游行程中解除合同的，旅行社应当协助旅游者返回出发地或者旅游者指定的合理地点。

第七条　旅游者的权利

1. 要求旅行社按照合同及《行程单》约定履行相关义务；

2. 拒绝未经事先协商一致的转团、拼团行为；

有权自主选择旅游产品和服务，有权拒绝旅行社未与旅游者协商一致或者未经旅游者要求而指定购物场所、安排旅游者参加另行付费旅游项目的行为，有权拒绝旅行社的导游强迫或者变相强迫旅游者购物、参加另行付费旅游项目的行为；

4. 在支付旅游费用时要求旅行社出具发票；

5. 人格尊严、民族风俗习惯和宗教信仰得到尊重；

6. 在人身、财产安全遇有危险时，有权请求救助和保护；人身、财产受到损害的，有权依法获得赔偿；

7. 在合法权益受到损害时向有关部门投诉或者要求旅行社协助索赔；

8.《中华人民共和国旅游法》《中华人民共和国消费者权益保护法》和有关法律、法规赋予旅游者的其他各项权利。

第八条　旅游者的义务

1. 如实填写《旅游报名表》、游客安全信息卡等各项内容，告知与旅游活动相关的个人健康信息，并对其真实性负责，保证所提供的联系方式准确无误且能及时联系；

2. 按照合同约定支付旅游费用；

3. 遵守法律、法规和有关规定，不在旅游行程中从事违法活动，不参与色情、赌博和涉毒活动；

4. 遵守公共秩序和社会公德，尊重旅游目的地的风俗习惯、文化传统和宗教信仰，爱护旅游资源，保护生态环境，遵守《中国公民国内旅游文明行为公约》等文明行为规范；

5. 对国家应对重大突发事件暂时限制旅游活动的措施以及有关部门、机构或者旅游经营者采取的安全防范和应急处置措施予以配合；

6. 妥善保管自己的行李物品，随身携带现金、有价证券、贵重物品，不在行李中夹带；

7. 在旅游活动中或者在解决纠纷时，应采取措施防止损失扩大，不损害当地居民的合法权益；不干扰他人的旅游活动；不损害旅游经营者和旅游从业人员的合法权益，不采取拒绝上、下机（车、船）、拖延行程或者脱团等不当行为；

8. 自行安排活动期间，应当在自己能够控制风险的范围内选择活动项目，遵守旅游活动中的安全警示规定，并对自己的安全负责。

续　表

第四章　合同的变更与转让 第九条　合同的变更 1. 旅行社与旅游者双方协商一致，可以变更本合同约定的内容，但应当以书面形式由双方签字确认。由此增加的旅游费用及给对方造成的损失，由变更提出方承担；由此减少的旅游费用，旅行社应当退还旅游者。 2. 行程开始前遇到不可抗力或者旅行社、履行辅助人已尽合理注意义务仍不能避免的事件的，双方经协商可以取消行程或者延期出行。取消行程的，按照本合同第十四条处理；延期出行的，增加的费用由旅游者承担，减少的费用退还旅游者。 3. 行程中遇到不可抗力或者旅行社、履行辅助人已尽合理注意义务仍不能避免的事件，影响旅游行程的，按以下方式处理： (1) 合同不能完全履行的，旅行社经向旅游者作出说明，旅游者同意变更的，可以在合理范围内变更合同，因此增加的费用由旅游者承担，减少的费用退还旅游者。 (2) 危及旅游者人身、财产安全的，旅行社应当采取相应的安全措施，因此支出的费用，由旅行社与旅游者分担。 (3) 造成旅游者滞留的，旅行社应采取相应的安置措施。因此增加的食宿费用由旅游者承担，增加的返程费用双方分担。 第十条　合同的转让 旅游行程开始前，旅游者可以将本合同中自身的权利义务转让给第三人，旅行社没有正当理由的不得拒绝，并办理相关转让手续，因此增加的费用由旅游者和第三人承担。 正当理由包括但不限于：对应原报名者办理的相关服务不可转让给第三人的；无法为第三人安排交通等情形的；旅游活动对于旅游者的身份、资格等有特殊要求的。 第十一条　不成团的安排 当旅行社组团未达到约定的成团人数不能成团时，旅游者可以与旅行社就如下安排在本合同第二十三条中做出约定。 1. 转团：旅行社可以在保证所承诺的服务内容和标准不降低的前提下，经事先征得旅游者书面同意，委托其他旅行社履行合同，并就受委托出团的旅行社违反本合同约定的行为先行承担责任，再行追偿。旅游者和受委托出团的旅行社另行签订合同的，本合同的权利义务终止。 2. 延期出团和改变线路出团：旅行社经征得旅游者书面同意，可以延期出团或者改变其他线路出团，因此增加的费用由旅游者承担，减少的费用旅行社予以退还。需要时可以重新签订旅游合同。
第五章　合同的解除 第十二条　旅行社解除合同 1. 未达到约定的成团人数不能成团时，旅行社解除合同的，应当采取书面等有效形式。旅行社在行程开始前7日(按照出发日减去解除合同通知到达日的自然日之差计算，下同)以上(含第7日，下同)提出解除合同的，不承担违约责任，旅行社向旅游者退还已收取的全部旅游费用；旅行社在行程开始前7日以内(不含第7日，下同)提出解除合同的，除向旅游者退还已收取的全部旅游费用外，还应当按本合同第十七条第1款的约定，承担相应的违约责任。 2. 旅游者有下列情形之一的，旅行社可以解除合同： (1) 患有传染病等疾病，可能危害其他旅游者健康和安全的； (2) 携带危害公共安全的物品且不同意交有关部门处理的； (3) 从事违法或者违反社会公德的活动的； (4) 从事严重影响其他旅游者权益的活动，且不听劝阻、不能制止的； (5) 法律、法规规定的其他情形。 旅行社因上述情形解除合同的，应当以书面等形式通知旅游者，按照本合同第十五条相关约定扣除必要的费用后，将余款退还旅游者。

续 表

第十三条 旅游者解除合同 1. 未达到约定的成团人数不能成团时，旅游者既不同意转团，也不同意延期出行或者改签其他线路出团的，旅行社应及时发出不能成团的书面通知，旅游者可以解除合同。旅游者在行程开始前 7 日以上收到旅行社不能成团通知的，旅行社不承担违约责任，向旅游者退还已收取的全部旅游费用；旅游者在行程开始前 7 日以内收到旅行社不能成团通知的，按照本合同第十七条第 1 款相关约定处理。 2. 除本条第 1 款约定外，在旅游行程结束前，旅游者亦可以书面等形式解除合同。旅游者在行程开始前 7 日以上提出解除合同的，旅行社应当向旅游者退还全部旅游费用；旅游者在行程开始前 7 日以内和行程中提出解除合同的，旅行社按照本合同第十五条相关约定扣除必要的费用后，将余款退还旅游者。 3. 旅游者未按约定时间到达约定集合出发地点，也未能在出发中途加入旅游团队的，视为旅游者解除合同，按照本合同第十五条相关约定处理。 第十四条 因不可抗力或者已尽合理注意义务仍不能避免的事件解除合同 因不可抗力或者旅行社、履行辅助人已尽合理注意义务仍不能避免的事件，影响旅游行程，合同不能继续履行的，旅行社和旅游者均可以解除合同；合同不能完全履行，旅游者不同意变更的，可以解除合同。合同解除的，旅行社应当在扣除已向地接社或者履行辅助人支付且不可退还的费用后，将余款退还旅游者。 第十五条 必要的费用扣除 1. 旅游者在行程开始前 7 日以内提出解除合同或者按照本合同第十二条第 2 款约定由旅行社在行程开始前解除合同的，按下列标准扣除必要的费用： 行程开始前 6 日至 4 日，按旅游费用总额的 20%； 行程开始前 3 日至 1 日，按旅游费用总额的 40%； 行程开始当日，按旅游费用总额的 60%。 2. 在行程中解除合同的，必要的费用扣除标准为： 旅游费用×行程开始当日扣除比例+(旅游费用−旅游费用×行程开始当日扣除比例)÷旅游天数×已经出游的天数。 如按上述第 1 款或者第 2 款约定比例扣除的必要的费用低于实际发生的费用，旅游者按照实际发生的费用支付，但最高额不应当超过旅游费用总额。 解除合同的，旅行社扣除必要的费用后，应当在解除合同通知到达日起 5 个工作日内为旅游者办结退款手续。 第十六条 旅行社协助旅游者返程及费用承担 旅游行程中解除合同的，旅行社应协助旅游者返回出发地或者旅游者指定的合理地点。因旅行社或者履行辅助人的原因导致合同解除的，返程费用由旅行社承担；行程中按照本合同第十二条第 2 款，第十三条第 2 款约定解除合同的，返程费用由旅游者承担；按照本合同第十四条约定解除合同的，返程费用由双方分担。
第六章 违约责任 第十七条 旅行社的违约责任 1. 旅行社在行程开始前 7 日以内提出解除合同的，或者旅游者在行程开始前 7 日以内收到旅行社不能成团通知，不同意转团、延期出行和改签线路解除合同的，旅行社向旅游者退还已收取的全部旅游费用，并按下列标准向旅游者支付违约金： 行程开始前 6 日至 4 日，支付旅游费用总额 10%的违约金； 行程开始前 3 日至 1 日，支付旅游费用总额 15%的违约金； 行程开始当日，支付旅游费用总额 20%的违约金。 如按上述比例支付的违约金不足以赔偿旅游者的实际损失，旅行社应当按实际损失对旅游者予以赔偿。 旅行社应当在取消出团通知或者旅游者不同意不成团安排的解除合同通知到达日起 5 个工作日内，为旅游者办结退还全部旅游费用的手续并支付上述违约金。

续　表

2. 旅行社未按合同约定提供服务，或者未经旅游者同意调整旅游行程(本合同第九条第 3 款规定的情形除外)，造成项目减少、旅游时间缩短或者标准降低的，应当依法承担继续履行、采取补救措施或者赔偿损失等违约责任。

3. 旅行社具备履行条件，经旅游者要求仍拒绝履行本合同义务的，旅行社向旅游者支付旅游费用总额 30%的违约金，旅游者采取订同等级别的住宿、用餐、交通等补救措施的，费用由旅行社承担；造成旅游者人身损害、滞留等严重后果的，旅游者还可以要求旅行社支付旅游费用一倍以上三倍以下的赔偿金。

4. 未经旅游者同意，旅行社转团、拼团的，旅行社应向旅游者支付旅游费用总额 25%的违约金；旅游者解除合同的，旅行社还应向未随团出行的旅游者退还全部旅游费用，向已随团出行的旅游者退还尚未发生的旅游费用。如违约金不足以赔偿旅游者的实际损失，旅行社应当按实际损失对旅游者予以赔偿。

5. 旅行社有以下情形之一的，旅游者有权在旅游行程结束后 30 日内，要求旅行社为其办理退货并先行垫付退货货款，或者退还另行付费旅游项目的费用：

(1) 旅行社以不合理的低价组织旅游活动，诱骗旅游者，并通过安排购物或者另行付费旅游项目获取回扣等不正当利益的；

(2) 未经双方协商一致或者未经旅游者要求，旅行社指定具体购物场所或者安排另行付费旅游项目的。

6. 与旅游者出现纠纷时，旅行社应当采取积极措施防止损失扩大，否则应当就扩大的损失承担责任。

第十八条　旅游者的违约责任

1. 旅游者因不听从旅行社及其导游的劝告、提示而影响团队行程，给旅行社造成损失的，应当承担相应的赔偿责任。

2. 旅游者超出本合同约定的内容进行个人活动所造成的损失，由其自行承担。

3. 由于旅游者的过错，使旅行社、履行辅助人、旅游从业人员或者其他旅游者遭受损害的，旅游者应当赔偿损失。

4. 旅游者在旅游活动中或者在解决纠纷时，应采取措施防止损失扩大，否则应当就扩大的损失承担相应的责任。

5. 旅游者违反安全警示规定，或者对国家应对重大突发事件暂时限制旅游活动的措施、安全防范和应急处置措施不予配合，造成旅行社损失的，应当依法承担相应责任。

第十九条　其他责任

1. 由于旅游者自身原因导致本合同不能履行或者不能按照约定履行，或者造成旅游者人身损害、财产损失的，旅行社不承担责任。

2. 旅游者在自行安排活动期间人身、财产权益受到损害的，旅行社在事前已尽到必要警示说明义务且事后已尽到必要救助义务的，旅行社不承担赔偿责任。

3. 由于第三方侵害等不可归责于旅行社的原因导致旅游者人身、财产权益受到损害的，旅行社不承担赔偿责任。但因旅行社不履行协助义务致使旅游者人身、财产权益损失扩大的，旅行社应当就扩大的损失承担赔偿责任。

4. 由于公共交通经营者的原因造成旅游者人身损害、财产损失依法应承担责任的，旅行社应当协助旅游者向公共交通经营者索赔。

第七章　协议条款

第二十条　线路行程时间

出发时间________年________月________日时，结束时间________年________月________日时；共________天，饭店住宿________夜。

第二十一条　旅游费用及支付(以人民币为计算单位)

成人：________元/人，儿童(不满 14 岁)：________元/人；其中，导游服务费：________元/人；

续 表

旅游费用合计：________元。
旅游费用支付方式：______________。
旅游费用支付时间：________。
第二十二条 人身意外伤害保险
1. 旅行社提示旅游者购买人身意外伤害保险；
2. 旅游者可以做以下选择：
□委托旅行社购买（旅行社不具有保险兼业代理资格的，不得勾选此项）：保险产品名称（投保的相关信息以实际保单为准）；
□自行购买；
□放弃购买。
第二十三条 成团人数与不成团的约定
成团的最低人数：________人。
如不能成团，旅游者是否同意按下列方式解决：
1.（同意或者不同意，打勾无效）旅行社委托旅行社履行合同；
2.（同意或者不同意，打勾无效）延期出团；
3.（同意或者不同意，打勾无效）改变其他线路出团；
4.（同意或者不同意，打勾无效）解除合同。
第二十四条 拼团约定
旅游者（同意或者不同意，打勾无效）采用拼团方式拼至旅行社成团。
第二十五条 自愿购物和参加另行付费旅游项目约定
1. 旅游者可以自主决定是否参加旅行社安排的购物活动、另行付费旅游项目；
2. 旅行社可以在不以不合理的低价组织旅游活动、不诱骗旅游者、不获取回扣等不正当利益，且不影响其他旅游者行程安排的前提下，按照平等自愿、诚实信用的原则，与旅游者协商一致达成购物活动、另行付费旅游项目协议；
3. 购物活动、另行付费旅游项目安排应不与《行程单》冲突；
4. 地接社及其从业人员在行程中安排购物活动、另行付费旅游项目的，责任由订立本合同的旅行社承担；
5. 购物活动、另行付费旅游项目具体约定见《自愿购物活动补充协议》（附件3）、《自愿参加另行付费旅游项目补充协议》（附件4）。
第二十六条 争议的解决方式
本合同履行过程中发生争议，由双方协商解决；亦可向合同签订地的旅游质监执法机构、消费者协会、有关的调解组织等有关部门或者机构申请调解。协商或者调解不成的，按下列第________种方式解决：
1. 提交仲裁委员会仲裁；
2. 依法向人民法院起诉。
第二十七条 其他约定事项
未尽事宜，经旅游者和旅行社双方协商一致，可以列入补充条款。（如合同空间不够，可以另附纸张，由双方签字或者盖章确认。）
第二十八条 合同效力
本合同一式________份，双方各持________份，具有同等法律效力，自双方当事人签字或者盖章之日起生效。

续 表

旅游者代表签字（盖章）：	旅行社盖章：
证件号码：	签约代表签字（盖章）：
住址：	营业地址：
联系电话：	联系电话：________
传真：	传真：
邮编：	邮编：
电子信箱：	电子信箱：
签约日期：　　年　　月　　日	签约日期：　　年　　月　　日
签约地点：	
旅行社监督、投诉电话：	
省市旅游质监执法机构：	
投诉电话：	
电子邮箱：	
地址：	
邮编：	

三、收取费用

旅游咨询者一旦签好旅游合同后，门市服务人员就应该收取费用，并为旅游者开好发票。

收取费用时一定要做到“三唱一复”。“三唱”即“唱价”（确认旅游咨询者所购旅游产品的价格）、“唱收”（确认所收旅游咨询者现款金额）、“唱付”（确认找给旅游咨询者余款金额），“一复”即“复核”（确认所付旅游产品与收进费用相符）。

当开好的发票交到旅游咨询者手中时，门市服务人员应主动口头向旅游者表示感谢，赞扬旅游者的选择，并请其对该项旅游产品的质量和旅行社的服务放心。

门市服务人员在为旅游者开好发票、结束销售时，还应询问旅游咨询者是否还有亲人或者朋友一起去旅游？旅游出发前要注意哪些事项？什么时间、地点和地接导游或者全陪导游联系？并可以告知旅游途中要注意的事项。这都将使旅游者体验到门市是真心实意地为他们服务的，从而对门市留下美好的回忆，并起到良好的口碑宣传效果。

门市销售流程要求从业人员对旅行社当季的不同旅游产品非常熟悉，能够根据客户的需求推销合适的旅游产品，并且在旅游者作出购买决策后，能够熟练地完成合同签订、费用收取过程。

任务 3.4　客户关系维护

客户关系维护是客户关系管理理念之一，主要是为了改善企业和客户之间的关系，并且以客户为中心，为客户提供完善、全面的服务。对于旅行社来说，客户关系维护需要旅行社工作人员对其所拥有的客户资源进行分析和整合，进一步获取更多、更高价值的潜在消费者，实现旅行社利益最大化。

一、客户关系维护流程

（一）建立客户档案

客户档案管理是旅行社客户关系维护的首要工作，也是后续客户关系维护工作的基础。无论是新客户还是忠诚客户，他们的档案资料对提高旅行社服务质量、经营管理能力有重要意义。

客户的档案内容包括了消费者的基本情况、消费历史、市场潜力、财务信用能力等多方面内容。在管理客户档案时，旅行社可以建立客户档案数据库，通过这种集中管理、后续授信、全面跟踪的方式以避免不必要的问题出现，并且根据客户对旅行社的销售额贡献程度、客户规模等对档案进行分类管理，同时还要定期更新客户档案。

在客户档案管理中，也需要加强对档案安全的管理以及对工作人员职业道德的教育，确保信息安全。

（二）制订针对性服务计划

为了更好地实现客户关系维护目标，在构建客户档案后，对客户信息进行整理分析，从客户的构成、旅游偏好、旅游消费行为、旅游满意度和忠诚度等指标出发，分类筛选出不同特征的客户，制订合理的产品营销计划，并为这些群体提供兼具标准化、个性化的服务。

（三）巩固客户关系

客户关系维护具有长期性，而不是简单的买卖交易。在上述工作完成后，旅行社不仅要及时了解旅游者对产品的评价和反馈，找出不足并积极改进，还需要加强与顾客的情感沟通，从心理上打动客户获得其认可，维护与客户的友好关系。

二、客户关系维护策略

一般来说，旅行社未能维护好客户长期关系导致客户流失的原因有很多。顾客在产品价格、产品质量、服务水平等方面的需求与旅行社发生背离会导致客户流失，竞争对手开展促销活动或者市场变化也可能导致顾客流失。所以，为了尽可能地减少客户流失，可以从以下几个方面入手维护客户关系。

（一）定期了解客户情况

旅行社通过每周对客户的投诉情况进行分析，每月对各类客户进行抽样调查，既可以了解客户的消费情况，也能掌握客户流失、消费转移的原因。这种方式科学、有效，有利于旅行社的客户关系维护及长期运营。

（二）加强与客户的联系

这种方式有利于巩固旅行社的客户关系，旅行社既可以借助短信、电话、邮件等方式和客户联系，也可以邮寄促销明信片、组织老客户答谢会等方式吸引客户的注意力。

（三）发展重要客户

旅行社长期运营的过程中，会产生对其有特殊贡献或者有多次购买记录的重要客户，这些客户是旅行社的重要市场。在提供优良的产品和服务的基础上，对这类客户还可以进行抽样调查，了解他们的个性化需求后有选择性地提供针对性服务。一般来说，可以为这类客户提供优惠性奖励，或者是安排专人专门机构与他们对接，促进沟通效率。

三、售后服务和投诉处理

（一）售后服务

售后服务始于旅游者旅游行程结束那一刻，主要针对老客户，帮助客户解决相关问题，并与他们建立友好关系，这有利于增加旅行社客户的回头率。常见的售后服务包括电话问候、重要日期祝贺、促销信息等，其中电话问候是在行程结束第二天进行，对客户表示关心和感谢，体现旅行社的人情味；重要日期包括客户的生日、家庭纪念日和重要节日等，重要日期的祝贺可以让客户感受到自己被重视，从而增加对旅行社的好感度；当旅行社举办促销活动、推出新产品活动时可以和客户联系，推荐并寄送含有具体促销信息的明信片，保持与客户的定期联系。

（二）投诉处理

旅游活动中，各个方面都有可能成为客户投诉的内容。在旅行社经营过程中，旅游服务部门工作的不到位和旅行社自身的不足成为客户投诉的主要原因。前者包括交通工具不准点、安全性差、餐饮环境恶劣、酒店卫生条件恶劣等不足，而旅行社自身的不足主要体现在活动日常安排的不合理性和工作人员的工作失误上。

为了有效解决投诉、维护旅行社的声誉，旅行社的投诉处理应当遵循倾听投诉、询问情况、调查事实、处理投诉、答复旅游者和记录存档六个步骤。如果投诉属实，旅行社应当向旅游者诚恳地表达歉意，并征得其谅解，产生经济赔偿的应当积极处理；如果是旅游者误会，投诉与事实发生偏差，旅行社应当向旅游者作出委婉解释，并欢迎旅游者今后继续关心监督旅行社的服务质量。

课程思政重点

诚信友善

诚信友善作为社会主义核心价值观的内容之一，反映了社会主义核心价值体系的丰富内涵和实践要求，是社会主义核心价值体系的高度凝练和集中表达。诚信即诚实守信，是人类社会千百年传承下来的道德传统，也是社会主义道德建设的重点内容，它强调诚实劳动、信守承诺、诚恳待人。友善强调公民之间应互相尊重、互相关心、互相帮助，和睦友好，努力形成社会主义的新型人际关系。

诚信友善作为公民的基本道德规范，是从个人行为层面对社会主义核心价值观的诠释，覆盖了公民道德生活的各个领域，既是公民必须遵守的基本道德准则，也是评价公民行为规范的基本价值标准。

旅行社从业人员在和旅游者沟通时，应当做到诚信友善，努力提升个人修养，不虚假宣传，不设置消费陷阱，不欺骗消费者，树立良好的服务意识。在为旅游者服务的全过程中，友好沟通，解决旅游者的问题。同时，旅行社经营者也应当做好诚信友善的表率，营造良好的企业文化。

在线学习

关键词点击　　知识链接　　案例分享　　线上练习

工作评估表

标准＼等级	优　秀	良　好	及　格	不及格
掌握客户的购买决策心理和类型				
与客户友好接触，留下良好的第一印象				

续　表

等级 标准	优　秀	良　好	及　格	不及格
成功推销旅行社产品				
规范使用、填写各类旅游合同				
规范收取游客费用				
做好销售收尾工作				
团队精神				
工作态度				
创新能力				
总体评价				
自我总结				

拓展实践

1. 产品销售人员的声音应该是悦耳、动听的，能够热情、爽朗、思路敏捷地与客户进行交流，根据以下发音问题，针对自身特点，进行声音训练。

(1) 你的声音听起来是不是适合你的年龄和性别？

(2) 你的声音听起来是不是十分嘹亮？

(3) 你的声音有没有高低快慢、抑扬顿挫的变化，是不是能够充分表达你的感情，会不会显得单调？

(4) 听起来是不是很自然？是否是发自内心的诚意？

(5) 讲话的速度会不会太快或太慢？有没有时常变更讲话的速度？

(6) 你的声音听起来会不会让人感觉“嗲声嗲气”？

(7) 有没有过分强调不必要的言辞？同时有没有强调该强调的言辞？

(8) 你的声音听起来是否带有鼻音或嘶哑的声音？

(9) 说话时有没有停顿过久的问题？

(10) 你的声音听上去是否清晰，普通话是否标准？

2. 模拟场景，分组角色扮演，尝试与不同个性的客户接触，介绍、推荐旅游产品，并与其签订相应的旅游合同。

项目四

旅行社电子商务开展

配套微课

互联网的快速发展和现代化旅行社的经营管理理念为旅游行业的发展带来了新的契机，旅游电子商务越来越为人们所关注，旅游业和电子商务经营的结合对旅行社甚至整个旅游业产生了巨大的影响。因此，为了能更全面、更深入地了解旅行社电子商务开展的内容，本项目具体包括以下任务：

任务 4.1　电商网站管理

任务 4.2　电子商务营销

任务 4.3　电子商务支付

任务 4.4　电子商务数据挖掘

任务 4.1　电商网站管理

一、建设目的

（一）树立旅行社形象

通过电商网站，向大众宣传旅行社的文化理念，介绍所有产品和服务的特点以及市场定位，并为消费者提供最新的行业发展信息，增加浏览用户对旅行社规模、理念、产品等方面的了解，从而提高旅行社的知名度，增强市场竞争力和行业影响力。

（二）增强客户服务

旅行社利用电商网站可以建立统一的消费者资料发送和接收系统，并通过这种快捷、方便的方式，为客户提供所需要的包括企业及产品信息等在内的服务。由此一来，既能增强客户资料的安全性、稳定性和及时性，维护消费者利益；又能在先进传播扩展手段的基础上，拉近旅行社与消费者的距离，有利于客户关系管理。

（三）开展网络营销

除了帮助旅行社树立形象，优化客户服务，好的电商网站还有助于旅行社开展网络营销。电商网站能够缩短新产品和新市场开辟的周期，最大程度地满足客户需求，以实现开拓市场、增加营收的目的。

二、设计原则

（一）独特性

每一个电商网站都拥有一个独一无二的域名和标志，这个域名和标志要既能体现电子商务网站的内涵，又方便消费者查询和记忆，如携程的标志性图像是一只海豚，中国青年旅行社的标识由两部分构成，其中文字部分“CYTS”是中国青年旅行社的英文首字母（缩写），图画部分地球形状的图标表示中国青年旅行社活动范围遍及全球，同时整个图标的形状又像一只飞翔的凤凰，表示中国青年旅行社与众不同、必能振翅高飞、事业兴旺发达。因此，设计电商网站的第一原则就是要体现旅行社的独特性。

（二）科学性

好的电商网站在页面设置、内容安排上应当遵循科学性原则，将最核心的主题内容放在首页，减少用户点击进入下级网页查阅的次数，降低搜索繁复程度，并且要保持信息的定期更新，为用户提供最新最快的旅游资讯。

（三）美观性

在科学规划网站信息的基础上，还应当充分考虑网站的美观性。文字大小、字号、配色的设计应当协调统一；适当增加 Flash、3D 动画等多媒体技术，增强信息展示的直观性；同时，也要处理好首页打开速度与网站美观性之间的矛盾，如图片展示尺寸较小，应设计通过点击放大的方式查看原图。以中旅旅行社为例，官方网站以蓝色和白色为主，当季热门景点以及流行指数用红色突出，不同类级内容字体大小设置也不一样，图片清晰度也很高。

（四）互动性

电子商务网站的存在一定程度上降低了消费者前往旅行社门市了解、沟通信息的必要，但是旅游作为一个先消费后体验的产品，消费者仍需要和旅行社沟通互动确定最终的购买决策。因此，旅行社的电商网站应当为用户提供完善的互动服务，如留言板、个人免费邮箱、员工专门服务入口、QQ 群、社区讨论板块等。目前，各旅行社基本都有在网站中设置在线客服，也会在相应板块公开不同渠道的联系方式。

(五) 针对性

旅行社在网站设计之初应当明确创建的目标,无论是宣传推广产品还是建立企业的交易通道,都应当根据此目标安排网站的内容。同时,由于消费者的来源地、年龄、性别、学历等多方面的差异,旅行社应当优先考虑有利于自身发展经营的用户。如针对国内游业务和针对出境游业务的旅行社,在网站设计上应当充分彰显自身的优势和特色。

三、网站维护

电子商务网站的生命周期始于用户需求开发,最后止于网站的维护管理,而网站的维护管理是整个生命周期中时间最长的环节,此阶段旅行社资源投入也最多。网站的维护工作主要涉及网站内容的更新、交互信息的处理等,具体如下表所示。

旅行社电子商务网站维护内容

1. 及时发布、更新旅行社最新的产品和服务信息
2. 收集、统计用户信息,提交有关部门分析处理
3. 处理用户的投诉、需求信息,及时向用户反馈结果
4. 定时更新页面设计
5. 增加网站营销创意
6. 积极推广网站,提高网站访问率
7. 维持网站设备窗台以确保不间断运行
8. 重视网站安全,防范病毒入侵和黑客攻击
9. 定期测试、评估网站,优化网站经营管理

任务 4.2 电子商务营销

不同于传统的广告、报纸等媒体营销,电子商务营销在营销成本、信息丰富程度上都具有独特的优势,在互联网中也可以将信息传播给更多的用户。同时,随着旅游活动的发展和旅游者的需求变化,散客旅游越来越普遍,定制化旅游也成为众多消费者的追求,相较于传统的营销方式,采用交互性强、跨越时空、具备多媒体工具的网络营销更能适应市场需求。现下,采用的主流电子营销方式包括以下几种。

一、搜索引擎营销

搜索引擎营销(Search Engine Marketing,简称 SEM)是利用网络用户对搜索引擎的依赖性和使用习惯,通过大量的数据分析手段,在用户检索信息的时候尽可能将营销信息传递给目标用户。

这种营销方式成本低，高效便捷，也帮助信息实现了双向传递。一方面，用户可以通过搜索引擎关键词检索得到自己需要的信息，而另一方面，旅行社也可以通过搜索引擎精准定位到有效的潜在用户群体。不仅如此，旅行社还可以对网站进行有效的推广，发挥向导作用，把真正的选择权和主导权交给用户，通过对用户的访问信息进行分析，旅行社可以对自身的潜在客户进行定位并对搜索引擎营销策略进行进一步的调整和优化。

二、视频营销

视频作为内容量比较丰富的一种营销媒介，通过文字、声音、画面，甚至酷炫的特效，调动人们的视觉听觉。有的视频可能只有数十秒，如抖音平台的短视频，有的也可能长达数十分钟，如旅游宣传片等。

为了实现旅游企业的宣传目标，好的视频应当具备三个条件：内容吸引力强、情感共鸣度高、对标目标市场人群。通过精准营销，制作一个吸引人眼球，并且能够渲染情感氛围的视频可以更好地推动电子商务营销的发展。

三、软文营销

软文是一种通过特定的概念诉求，借助文字表述舆论，以针对性的方式迅速实现某一产品提高市场知名度，甚至提高销售额的文字模式。软文属于软性渗透的隐性营销手段，虽然它是随着报纸的产生而产生，但网络新媒体营销的发展大大拓展了它的生存空间。

这种营销方式成本更低、效率更高。相较于传统媒体来说，利用移动新媒体作为传播媒介来进行软文推广，成本低廉，并且由于新媒体自身特性，软文在推送后可以被不断转发分享和查阅，传播效率也大大提高。同时，软文的语言更加朴实亲切，再加上图片可以拉近与用户的距离，增添信任感。

在互联网时代，不同类型的信息量过于繁多，旅游产品也并不属于日常消费必需品，很多用户认真阅读甚至是点开软文的可能性大大降低，因此对于旅行社等经营者来说，软文营销方式需要精心投入，一个吸引人的标题，真实、凝练、图文并茂的内容才有可能打动消费者。

四、HTML5 营销

HTML5 是对超文本标记语言的第五次修订后的一种网页，微信、微博等平台很多功能都是基于这种语言开发而成。通过 HTML5 可以实现创意营销，这种方式成本很低廉，但视觉效果更优秀，生动细腻；页面功能也更为丰富，可以使用 360 度全景展示。同时，它使得用户间的互动更加自然。

五、旅游新媒体营销

进入互联网+时代，人们对于网络的依赖度越来越高，互联网技术在人们的日常生活生产中扮演着十分重要的媒介角色。新媒体时代的到来，为旅游电子商务营销提供了新机遇，特别是随着微博、微信等兴起，越来越多的人都将此媒介作为信息获取主要旅行社的渠道。在新媒体悄无声息地改变着人们生活方式的同时，它也影响着人们的旅游习惯和旅游营销策略。

在旅游层面，新媒体营销的应用非常广泛。一般情况下，旅游目的地会建立官方的旅游政务网站，集产品发布、市场推广、广告营销等多种信息服务于一体，同时开通官方微博、微信平台增强与大众沟通，并进行事件营销；旅游景区则是在利用微信、微博等社交媒体平台定期更新景区信息的同时，也建立一个景区网站，在网站中用户可以了解到景区的成立、旅游资源等信息，并且还可以直接进行预约购票。例如，2020 年“新冠”疫情期间，广东地方博物馆就在网站中增加了 VR 游览功能，实现了云逛展，也吸引了一波游客。而像旅行社等旅游企业会通过微博、微信公众号、抖音短视频、网络直播、小红书等新媒体方式进行旅游产品营销，这些新媒体都在人们的日常生活中扮演重要角色，同时也是人们获取信息的重要渠道。

任务 4.3　电子商务支付

随着旅游业与电子商务结合得越来越紧密，线上交易支付功能日渐重要，旅行社等旅游企业也能在通过电子商务网站营销的同时，直接和消费者进行交易，从而营利。同时电商支付也会涉及消费者的利益。因此，对电子商务支付应当有一个全面、清晰的认识。

一、电子货币

电子货币随着计算机介入流通领域后应运而生，是现代商品经济高度发展、资金快速流通的产物。电子货币是指将货币以数字形式存储在银行的计算机系统中，并通过电子信息传递的形式实现货币的价值存储和价值交易功能。

（一）特点

1. 无形性

电子货币不同于实体现金，它属于一种电子符号、电子指令，它的形态随着处理的媒体的变化而变化。

2. 安全性

电子货币通过用户密码、软硬件加密/解密系统等安全保护技术防止货币的伪造和拷贝，借助于电子化的方法构成了高度的安全保密对策。

3. 不可追踪性

电子货币可以保护用户的秘密，用户和交易对象之间的关系是无法追踪的，由此也推动了电子货币的广泛使用。

(二) 类型

电子货币的支付方式有很多种，基于这一标准可以将电子货币分成以下四类。

1. 储值卡型电子货币

这一类货币一般以智能卡，也即IC卡的形式出现，它独立于银行存款，是由发行主体在预收客户资金后，发行的等值储值卡。如电信部门发行的电话卡、学校发行的校园卡、政府机关发行的内部消费卡等。

2. 信用卡型电子货币

信用卡型电子货币是由商业银行、信用卡公司等主体发行的贷记卡，消费者可以在发行主体规定的额度内进行贷款消费，然后在限定时间内偿还贷款。

3. 存款利用型电子货币

存款利用型电子货币包括借记卡、电子支票等，以电子化的方式对银行存款进行现金支取、转账结算、资金划拨等操作。

(三) 电子支付

电子支付是利用电子货币进行货币支付和资金流通的过程，相较于传统的现金、票据转让等支付方式，电子支付采用了更为先进的数字流转方式，在互联网这样一个更为开放的平台中运转，并且更加方便、快捷、高效。信用卡、电子支票等都可以作为电子支付的方式。

而随着手机移动端技术的升级，如今移动支付的使用在人们日常生活中随处可见。结合智能网络技术，支付宝、微信等平台的扫码支付功能大大方便了人们出游，也推动了旅游电子商务的发展。

二、网上银行

网上银行是基于互联网平台开展、提供各种金融服务的新型银行机构与服务形式，并且服务不受时间、空间的限制，提高了工作效率。

(一) 优势

1. 服务覆盖面广

网上银行可以集银行、证券、保险等不同种类的金融服务于一体，从而扩大客户需求的满足面，提高客户的满意度。通过这一渠道，银行由原本单一的存贷款中心和结算中心变成了更全面的金融服务中心。

2. 成本优势明显

网上银行的存在减少了实体分支机构建设的必要，也不需要雇佣大批的人力；同时，一般情况下网上银行的交易成本是实体银行交易的百分之一，大大降低了成本。

3. 差异化竞争优势突出

网上银行的客户来源于不同终端，借助网上银行完善的成交数据，银行可以对客户的交易行为进行分析和数据挖掘，从中发现重要客户。通过对客户偏好进行分析，进一步细分客户市场，有针对性地制定营销策略和服务内容，从而为客户提供个性化服务，在市场中形成差异性竞争优势。

（二）模式

当下，网上银行服务的模式主要分为两种：一种是纯粹的虚拟银行，不依托于任何传统银行，也没有实体网点，它通过设立专门的法人机构从监管局获得银行执照就可以营业；另一种是依托传统银行，将传统银行的封闭式内部系统与互联网互通，为客户提供互联网金融服务，将实体服务和虚拟服务相结合。

（三）第三方支付

除了网上银行之外，现在的第三方支付的使用也非常广泛。第三方支付是指在银行和用户之外的第三方提供的支付服务。而第三方就是那些与国内外各大银行签约，并具备一定实力和信誉保障的第三方独立机构，客户可以自行选择在第三方独立机构提供的交易支持平台上办理业务。国内知名的第三方支付平台包括支付宝、银联电子支付、财付通等。对于旅游活动来说，通过手机移动支付给出门在外的游客带来了极大的便利。

三、旅游电子商务安全

电子商务的产生与网络的发展密切相关，网络信息的安全性也会影响电子商务的安全，尤其是信息的保密性、完整性、可获取性和授权使用层面。而旅游电子商务除了对这些安全要素要加以重视外，还需要加强对电子支付等其他方面的安全保护。

（一）安全威胁

1. 网络安全

互联网非常复杂，有许多不安全的因素和隐患存在，很容易被其他电脑攻击。例如黑客行为、网络破坏行为和恶意代码，他人可能在未经旅行社授权的情况下进入计算机系统，故意破坏网站，损害旅行社名誉，甚至进行产品和信息的盗取。

2. 信用卡数据安全

信用卡数据安全是最令旅行社和客户担心的问题之一，也是很多客户拒绝线上交易购买的原因。信用卡的信息数据是黑客攻击的主要目标，客户在与旅行社线上交易时使用的商家服务器很有可能会导致信用卡信息的丢失。尤其是当游客在海外旅游时，电子支付的安全更需要保障。

3. 员工管理安全

除了外部的安全威胁外，旅行社内部的员工管理安全也很重要。内部人员的失误、不规范使用甚至是故意破坏都会给旅行社和客户带来巨大的损失，例如客户个人信息的篡改、泄漏等。

（二）安全控制手段

1. 身份授权控制

旅行社可以采用密码、指纹、卡片等能够代表用户身份的物品、反映用户生理特征的标识识别网络访问用户的合法性，并根据用户的身份确定个人可以获取的信息权限，明确用户可以使用的资源范围和可以操作的类型，从而防止用户越权访问系统，以起到信息保护的作用。

2. 人员管理控制

旅游电子商务中工作人员的操作对企业的发展有很大的影响，而有些网络威胁隐蔽性强，所以人员的管理控制很有必要。不仅要对相关人员进行岗前培训，落实个人的责任范围，坚决打击违反规定行为，还要落实不同级别信息掌握程度的划分工作，推行严格的信息保密制度。

3. 跟踪管理控制

网络环境复杂多变，因此旅行社应当建立网络日志，记录下每天的网络操作和系统运行流程，并及时检查、审核日志，对日志内容的合理性、安全性作出准确判断，保证网上交易的安全。

任务 4.4 电子商务数据挖掘

在网络时代，信息作为一种重要的战略资源，如何更快、更精准地掌握更多、更新的信息对电子商务企业来说至关重要。互联网每天充斥着成千上万条数据，从其中挖掘用户所需的数据的过程就被称为数据挖掘。而数据库作为大量相关数据的集合，则是现下帮助旅游电子商务实现目的的强有力工具。

一、数据挖掘

数据挖掘在当下电子商务中的应用非常广泛，并且功能性很强。首先，利用数据挖掘可以挖掘不同类别数据的整体信息和内涵，指导旅行社采取相应的产品设计、营销等方案；其次，利用数据挖掘还可以找出数据规律，从而建立模型预测未来数据的发展趋势；同时，它还能帮助企业发现不同数据集之间存在的关系，如因果关联、简单关联等。此外，数据挖掘还可以通过聚类分析、时序演变分析等多种数据处理方式帮助电子商务平台实现更好的发展。一般数据挖掘过程包括以下几个步骤。

（一）任务确认

了解相关领域的背景知识和数据，确定最终要完成的任务。

（二）数据选择

根据旅游者的要求，从数据库中提取出与最终任务相关的数据。

（三）数据预处理与转换

对数据进行检查，从查找出的数据集合中剔除存在明显错误和多余的数据，并对数据进行精简，将其转换为有效形式，保证数据挖掘的可行性。

（四）数据挖掘

根据最终任务的要求，选择合适的数据挖掘算法，并探索合适的模型和可行的方法，以易于理解的方式呈现数据。

（五）模式解释

根据数据挖掘中发现的模式进行合理解释和评估，如果有需要，可以返回前一步进行数据重复提取。

（六）知识评价

将以上数据处理结果以简洁易懂的方式呈现给客户，并进行试用。

二、数据挖掘

利用 Web 开展商务交易已成为目前电子商务最广泛的应用形式，它可以通过根据客户的购买率、回头率等数据分析，去帮助旅行社更好地理解客户的行为，也可以根据网站的访问率来判断 Web 站点的效率，同时还有助于对电子商务模式的评估。

Web 的数据挖掘主要包括以下三个过程。

（一）Web 内容挖掘

Web 内容挖掘是指从文档内容或其描述中抽取知识的过程，主要是根据网页本身的内容做资料挖掘，目的是实现资源的自动检索，提供资源的利用率。Web 资源的形式也是多种多样的，除了网页中的文字、图形和声音，还包括网页的超链接、网页所在的目录结构、浏览者输入的背景资料等多种数据。

（二）Web 结构挖掘

Web 结构挖掘的目的是发现页面的结构和 Web 的结构，一般 Web 结构有两种结构：分别是文档内部结构和文档间结构超链结构。利用这些结构信息，对其进行聚类、分类等，从而找出所需要的模式。结构挖掘有助于用户找到相关主题的权威站点，可以指向众多权威站点的相关主题站点。

（三）Web 使用记录挖掘

Web 使用记录挖掘是指从服务器端记录的客户访问日志或从客户的浏览器信息中抽取感兴趣的模式。客户使用获取信息的过程中需要不停地从一个 Web 站点，通过超文本链接跳转到另一个站点，这种过程存在一定的普遍性，这一规律就是 Web 客户访问模式的规律。

三、Web 数据挖掘的应用

电子商务中 Web 数据挖掘主要包括三个内容：一是对 Web 个性化和推荐系统的研究，通过充分利用数据挖掘技术来获得交易模式中最有价值的信息，挖掘顾客的个性购买规律，并为他们提供个性化的服务；二是挖掘数据的框架体系和案例研究，集中分析数据挖掘技术应用厂商在构建系统体系所要解决的问题，并给出各自的原型；三是浏览导航分析，主要是针对访问者的访问行为数据进行全面的分析，以获得有价值的电子商务信息，从而充分理解电子商务中各种类型客户进行交易的具体细节。

为了更清晰、全面地了解以上内容，Web 数据挖掘主要基于以下六种数据源开展分析。

（一）服务器日志数据

个人浏览服务器时，服务器方将会产生多种类型的日志文件如 Servicelogs 等，这些日志用于记录用户访问的基本情况，因此是进行 Web 访问信息挖掘的主要数据源。

（二）代理服务器端数据

前者只记录用户对某个网站的访问，而代理服务器日志记录了用户对所有网站的访问。代理服务器相当于一个具有缓存功能的中介服务器，它的缓存功能减少了服务器的网络流量，加快了网页的运行速度，同时将大量的用户访问信息通过代理日志的形式保存起来。

（三）在线市场数据

该数据是指传统关系数据库里存储的有关电子商务站点信息、用户购买信息、商品信息等数据。

（四）Web 页面

页面数据主要是指 HTML 和 XML 页面的内容，包括文本、图片、语音、图像等。

（五）Web 页面超链接

该数据主要是指页面之间存在的超级链接关系，这也是一种重要的资源。

（六）客户登记信息

客户登记信息是客户通过 Web 网页输入并提交给服务器的相关信息，这些信息通常是关于用户的人口特征。在 Web 的数据挖掘中，客户登记信息需要和访问日志集成，从而提高数据挖掘的准确度，帮助企业进一步了解客户。

课程思政重点

网络安全

网络安全是指网络系统的硬件、软件及其系统中的数据受到保护，不因偶然的或者恶意的原因而遭受破坏、更改、泄露，系统连续可靠正常地运行，网络服务不中断。2020 年国家有关部门联合发布了《网络安全审查办法》，加强对网络中存在的安全隐患和外部攻击等监管，加大对网络信息和用户信息的保护。

《网络安全审查办法》中相关条例提道：

第二条 关键信息基础设施运营者（以下简称运营者）采购网络产品和服务，影响或可能影响国家安全的，应当按照本办法进行网络安全审查。

第五条 运营者采购网络产品和服务时，应当预判该产品和服务投入使用后可能带来的国家安全风险。影响或者可能影响国家安全的，应当向网络安全审查办公室申报网络安全审查。

关键信息基础设施保护工作部门可以制定本行业、本领域预判指南。

第六条 对于申报网络安全审查的采购活动，运营者应通过采购文件、协议等要求产品和服务提供者配合网络安全审查，包括承诺不利用提供产品和服务的便利条件非法获取用户数据、非法控制和操纵用户设备，无正当理由不中断产品供应或必要的技术支持服务等。

因此，旅行社在开展电子商务业务时，在保障产品的质量和网络宣传的真实性的基础上，应当重视网络安全，不仅要保护好旅行社及旅游者个人隐私，构建安全的网络支付平台，还要注意加强对电子商务网站的安全维护，以防外部病毒入侵等安全问题。

在线学习

关键词点击　　知识链接　　案例分享　　线上练习

工作评估表

标准＼等级	优秀	良好	及格	不及格
电子商务网站设计要素				
电子商务营销方式				
旅游新媒体营销				
电子支付安全控制				
网上银行优势				
Web数据挖掘过程				
团队精神				
工作态度				
创新能力				
总体评价				
自我总结				

拓展实践

请对国内现有的主流旅游电子商务网站如携程、同程、去哪儿网进行比较，从视觉效果、内容设置、操作便捷度等多个角度构建评价指标，对这些网站进行评价和综合打分，并提出相关改进意见。

主要参考文献

1. 魏敏.旅游市场营销[M].长沙：中南大学出版社，2005.
2. 杜文才.旅游电子商务[M].北京：清华大学出版社，2006.
3. 韩林.旅游电子商务[M].重庆：重庆大学出版社，2008.
4. 朱孔山.旅游市场营销[M].青岛：中国海洋大学出版社，2010.
5. 奚骏，崔久玉.旅游电子商务[M].北京：北京理工大学出版社，2011.
6. 张东东.旅行社经营管理[M].北京：清华大学出版社，2012.
7. 刘洁，陈维伟.旅行社经营管理[M].西安：西安交通大学出版社，2015.
8. 毛惠媛，刘心.旅行社经营管理[M].北京：清华大学出版社，2016.

旅 行 社 经 营 管 理 实 务

模块四

旅行社产品运行

张 骏 董红艳 主编

南京大学出版社

内容简释

旅行社产品的运行是旅行社企业经营的核心任务，也是旅行社从业人员的主要工作职能之一。在现代旅行社从事旅行社产品运行的工作人员一般被称为“计调”，又称作“OP”(Operator)。计调人员起着联系各方的作用，是旅行社产品顺利运行的重要保证。

就我国旅行社而言，根据业务范畴划分，可以划分为组团产品运行和接团产品运行。本项目前两个项目介绍组团和接团产品的运行。又因自由行产品、会展产品等有自身特点，所以以第三项目介绍其运行方式。第四项目介绍旅行社产品质量监控及后续服务。在各项目中融入爱岗敬业、质量为先等课程思政的内容。

能力目标

1. 能够为产品的运行做好前期准备工作。
2. 能够科学进行产品的操作，保证产品运行的顺利。
3. 能够做好财务结算、投诉处理等产品运行扫尾事宜。
4. 能够理解并灵活运用旅行社产品运行的各种知识。
5. 能够理解并践行职业道德，安全意识，秉持质量为先，以人为本的理念等。

项目分解

项目一　旅行社组团产品运行
项目二　旅行社接团产品运行
项目三　旅行社其他产品运行
项目四　旅行社产品质量监控及后续服务

目 录

信息化资源目录

续　表

项　目	信息化资源	页　码
项目三　旅行社其他产品运行	**配套微课：** 旅行社其他产品运行	32
项目三　旅行社其他产品运行	**关键词点击：** 会展旅游产品 拓展训练 线上旅游消费	41
项目三　旅行社其他产品运行	**在线学习：** 知识链接 案例分享 线上练习	
项目四　旅行社产品质量监控及后续服务	**配套微课：** 旅行社产品质量监控及后续服务	42
项目四　旅行社产品质量监控及后续服务	**关键词点击：** 旅游投诉	50
项目四　旅行社产品质量监控及后续服务	**在线学习：** 知识链接 案例分享 线上练习	

项目一

旅行社组团产品运行

配套微课

旅行社组团产品的运行是指与旅游者签订出团合同后，组团社为保障旅游者的顺利出行所做的一切工作。具体包括以下任务：

任务 1.1　制定规范团号
任务 1.2　对接接待计划
任务 1.3　办理出入境手续
任务 1.4　办理保险手续
任务 1.5　选派领队、全陪
任务 1.6　做好出游提示

任务 1.1　制定规范团号

由于不同类型旅行社的蓬勃发展，现有旅行社所制定和使用的团号呈现出不合理、不规范的状态。组团计调人员规范团号的设定是避免“对账困难、操作繁杂、项目不明、容易混淆”状况产生的重要方法，也是在我国加入世界贸易组织，外资、合资旅行社逐渐增多的背景下，与世界旅行社业接轨的必然需求。因此，组团产品运行的过程中，为旅游团制定世界常用的 WTO 规范团号是组团计调人员的一项基本技能。

一、设定规范团号的三字代码

国内区域旅游三字代码的设定，前两位大写英文字母为旅游目的地所在的中国区域代码，第三位是主要游览目的地所在城市的首位拼音字母的大写。比如，某一旅游团将赴北京游览，则此团团号中的三位代码为 HBB，因为 HB 为北京所在的华北大区的代码，第三位代码 B 为“北京”一词汉语拼音首位字母的大写。

如果旅游团将赴港澳台区域或者国际区域旅游，则三字代码为游览的主要城市的航空代码。

二、在规范团号中表现旅游团的旅游时间

在规范团号中可以用两位数字来代表某一旅游团的旅游时间，比如某一旅游团将进行上海三日游，则可用“03”代表此团的旅游时间。

三、在规范团号中表现旅游团出游的交通等级

旅游团出游交通等级在规范团号中的标志由字母和数字组合而成。交通等级为双飞则以“2F”表示；单飞以“1F”表示；一飞一卧（火车卧铺）以“1F1W”表示；双卧（含船）以“2W”表示；双座（火车坐票）以“2Z”表示；全程汽车游览以“2T”表示。

四、在规范团号中表现旅游团的出团时间

在规范团号中常用出团时间的后四位数表示某旅游团的出团时间。比如，某旅游团11月23日出团，规范团号中则用“1123”加以表示；某旅游团12月1日出团，规范团号中则用“1201”加以表示。

五、在规范团号中表现系列旅游团的出团数

组团社经常需要接待系列旅游团，系列团的出游在规范团号中应该加以表现。可以以一位大写英文字母表示某一系列团的出团数。比如，某一旅游团为系列团的第一个团，则以字母“A”表示；某一旅游团为系列团的第二个团，则以字母“B”表示，以此类推。

六、组合要素，形成规范团号

一个规范的WTO团号通常由上文中所介绍的五个要素组合而成：三字代码、旅游时间、交通等级、出团时间、出团数。在组合这五个要素的时候，需要在旅游时间与交通等级之间画一短横线，以示区分。比如，一个旅游团将进行“北京双飞六日游”，出团时间为8月12日，为系列团的第二个团，则此团的WTO规范团号应为：HBB06—2F0812B。

任务1.2 对接接待计划

旅游团能否按计划顺利完成旅游活动，在很大程度上取决于旅游目的地地接社的接待情况。组团社应根据旅游市场的需求及其变化趋势，有针对性地在旅游目的地旅行社中进行比较和挑选，选择合适的、符合条件的旅行社作为自己的合作伙伴。选定合作社后，根据流程对接接待计划。

一、选择地接社

地接社的选择，是发团管理中的一个重要环节，对整个旅游活动的成功与否，起着关

键性的作用。组团社对旅游目的地地接社要多方选择、重点培养,建立长期、稳定的合作关系。组团社在掌握了众多地接社的情况后,要根据本次旅游团队的特点和要求,综合考虑各种因素,选择最合适的旅行社作为地接社。有时一个团队的旅游目的地不止一个,那么,就会涉及两家以上的地接社,所以,还要考虑各地接社之间的衔接和协作等因素。

(一) 地接社的选择标准

组团社要想找到理想的地接社作为长期、稳定的合作伙伴,需要依照以下标准对其进行考察和评估。

1. 经营管理模式

考察接待社的注册资金及证件是否齐全,是否具备合法经营资格,是否有明确的经营管理目标,在管理上实行责任制等。

2. 业务量

业务量是旅行社实力的体现,衡量业务量大小和稳定程度是本指标的重要方面。组团社应根据自身的规模选择与本社相匹配的地接社,不应盲目追求业务量大的旅行社。

3. 报价

产品价格关系到旅游者的切身利益和旅行社的预期收益。但是关注价格应避免只关注总报价,而忽略报价中包含的项目。不能将报价作为选择地接社的唯一标准,而是必须保证产品质量和本旅行社的声誉不受损害,坚决拒绝"零负团费"。

4. 商誉

地接社应当有相应的偿付能力和履行合同的信誉,这方面的信息一般可以通过银行和特别调查加以了解。

5. 专营性

有些旅行社专门以做某项业务为主,一般而言,这种地接社在业务上比较娴熟,能以专业的操作为组团社完成接待任务。

(二) 地接社的选择方式

1. 发团考察

通过与地接社的实际合作,可以获得切身感受和可靠的第一手资料:组团社通过业务联系可得知对方的人员素质、办事效率,通过本社的全陪导游,可以了解地接社的导游素质、服务水平、接待用车、用餐情况、业务网络的广泛程度等。只是这种方式具有一定的风险,如果选择了不合适的地接社,将影响团队旅游者的满意度,进而影响本旅行社的商誉。

2. 实地考察

组团社可以委派本社经验丰富、资历较深的工作人员赴目的地实地考察,走访当地各地接社,进行比较分析,挑选出满意的地接社建立合作关系。

3. 参加旅游行业组织，建立广泛的合作网络

组团社可以积极参加一些旅游行业协会和组织，以获取全面、可靠的信息，结识更多的旅行社和相关的旅游企业，形成广泛的合作网络。这样，才不至于在发团之前匆忙地选择地接社。

4. 借助交易平台

比如八爪鱼等旅行社交易平台，旅行社注册时需要审核其经营资质、缴纳质量保证金。组团社可以借助交易平台选择合适的接待社。

二、征询接待计划与价格

组团社在发团前，需要向地接社发送征询传真或电子邮件，以征询接待计划及接待价格。通过以下案例，我们可以熟悉此类传真的写作方法。

2021 年 3 月 5 日北京青年旅行社要向昆明青年旅行社询价，4 月 8 日，将有 21 人的标准团乘 D1548 航班上午 8 点至昆明，需要在昆明、大理、丽江游览 6 日，4 月 14 日上午 10 点乘坐 D1546 航班回北京，机票已订好。征询传真如下：

征询传真范本

北京青年旅行社	2021 年 3 月 5 日
昆明青年旅行社：	共　　页
收件人姓名：	
传真号：	发件人姓名：
××经理：	
您好！由我社组织的旅游团一行 21 人，将于 4 月 8 日，乘 D1548 航班于当日上午 8 点抵昆，4 月 14 日上午 10 点乘 D1546 航班离昆返回北京，往返机票已由我社订妥。请安排昆明、大理、丽江三地六日游，按标准服务等级将日程安排与每人的接待价格报予我社。	
谢谢合作！	

当然，我们也可以套用较为固定的《同行团队接待询价单》以开展征询工作。

同行团队接待询价单

TO：________旅行社，________经理　Fax：________　TEl：________

FROM：________旅行社，________经理　Fax：________　TEl：________

感谢您的信任与支持，现我社有一团赴贵处游览，人数________人，于________月________日乘航班/车次（待定）抵达________。游览天数为________天，请贵社将合理的行程、接待标准及返程最低折扣机票（返点多少？）/火车票（硬座/硬卧）票价、订票费用告知我社。多谢支持！

（一）行程（为确保接待质量，谨希望接待社将贵社的优势：如酒店、车队、景区、导游、公司实力 FAX 至我社）

主要游览行程、景点参考

（二）接待标准及成本分解

A 成人综费：	
房费：____元/人，(星标准)×天	
餐费：____元/人/天(早正)	
车费：________元/人(座________车)	
门票：________元/人(　　　　)	
区间交通：________元	
导服：________元/人（________元/团)	
报价未含：________	B代办费用：
1.	
2. 12岁以下儿童(身高不超1.2米)不占床/硬卧 费用：　　　　(不含酒店早餐)	
3. 费用：	
本团接待费用累计为：________元/人	
其他费用：	
合计：	

（三）友情提示和特别说明

为能更好地协助贵杜接待，出团前我社将游客姓名表及陪同或领队姓名________手机______________告之。接团时请将本次接待的导游姓名________手机________司机姓名________手机________车型________等告之。

● 一经双方盖章确认，贵社将严格按照确认的行程及标准执行；

● 如擅自变更行程、降低标准、减少景点而引起我方游客投诉并造成损失均由贵社承担；

● 如遇人力不可抗拒因素所引起的游客滞留、无法完成正常行程，贵社将征得游客谅解、同意，于当地协商解决，并将处理结果传真我社以备查证；

● 双方盖章确认的行程单，均具有同等法律效力，不得拒接、甩团、中途停团；

● 接传真后如无异议请签字盖章回传确认，以便操作。

组团社(盖章)：　　　　接待社(盖章)：

经办人：　　　　经办人：

日期：　　　　日期：

针对已有合作经验，明确接待计划与接待价格的旅游目的地接待社，组团社可以直接发送预报旅游计划，要求地接社做好接待准备。

三、向地接社预报旅游计划

向地接社以传真或电传形式预报计划，紧急情况也可先用电话预报，后发传真。预报的目的，是使地接社将此团纳入该社的接待计划，要地接社及早订房、订票。预报应尽可能在团队到达前 10 天发出。预报内容有：团号、旅游团队人数、团员构成情况（性别、年龄、民族、有无特殊客人）、抵离时间、旅游线路、交通工具要求、食宿标准要求等。特别应标明离开的交通工具、车次、航班及其他内容，并要求地接社在 3—5 天内予以回复。

预报传真或电子邮件示例如下：

预报传真示例

成都××旅游公司：
您好！我社组织的 SSS—C—050610 一行人 33+2 人（中宾）于 2021.6.12.上午 7:00 抵达成都双流机场，请按常规行程安排去九寨、黄龙游览，并请即预订 6.15 上午 T23 次软卧 35 张去重庆。此团系重点客户，请务必保证晚上硬卧离蓉。另，此团 6.12、13 宿九寨山庄，6.14 晚宿成都大酒店，请代订标准房 16 间，加一床和全陪房一间。抵达时间、车次另告，正式计划及游客名单后发。谢谢合作！祝贵公司昌盛！
上海××旅行社
业务部×××
×年×月×日

四、书面确认接待计划与价格

地接社在接收到征询传真或者预报旅游接待计划之后，会在短时间内给予回复，组团社产品运行人员，应予以确认。如接待计划或者接待价格有不合理之处，组团计调人员需与地接社工作人员商榷，最终以书面形式确认接待计划与接待价格。

五、旅程变更处理

如果旅游行程或旅游人数有变化，应及时书面告知地接社，并要求对方书面确认。变更通知示例如下：

重要更改范例

重庆××旅行社国内部××经理：
您好！我社组织的 SSS—C—050610 一行人 33+2 人（中宾）原报 2021.6.15 乘 T83 次上午×时×分发车抵渝，有误，应乘 T95 次 2021.6.15 下午×时×分发车，于 6.16 上午×时×分抵渝，请予以回复确认。
上海××旅行社
业务部×××
2021.5.20

紧急更改范例

成都××旅行社国内部××小姐：
您好！我社组织的 SSS—C—050610 团一行人 33+2 人(中宾)原订 2021.6.10 乘 T190 次赴成都，现因出票问题，名单上 3、4、9、10 及 13、14 六位游客及一全陪，改乘 6.11(六)SZ 4502 航班抵蓉，预计 20:00 抵达成都双流机场，请派车及导游接机，并安排住宿。给贵社增加麻烦，请原谅。
谢谢合作！
上海××旅行社
业务部×××
×年×月×日

六、接待计划的发出

团队预报计划以后，经过双方多次更改确认后，在基本内容，如人数、日程无大变化的情况下，应该在团队到达第一站前 10—15 天。将正式计划传真至地接社。正式计划以正式文件打印、盖公章。它既是接团计划，也是对方的结算收据依据，应力求正确。一般在正式计划发出以后，不应再有大的变更。发计划应附上回执，确认收到无误。

计划回执范例

上海××旅行社：
贵社发来 SSS—C—050610 团计划收悉。我社将按贵社计划接待此团。
此致
敬礼！
成都××旅游公司
×年×月×日

正式计划也应发至本社有关各部，如接待、财务、档案等部门。国内旅游团的书面计划书形式如下：

旅游团书面计划书范例

成都××旅游公司、重庆××旅行社国内部、武汉××旅行社国内部及本社接待、财务各部：
现将我社组织的 SSS—C—050610 内宾团一行人 33+2 人计划发给贵社，请贵社接计划后按约以内宾标准团接待。订妥车(船)票，按计划内容安排游览，并做好上、下站联络。如有更改请立即通知我社和下站地接社。团款已按约预汇 80%，差额部分由全陪结清。此团系重点团，请各社予以关照。谢谢！祝合作成功！
上海××旅行社
×年×月×日
具体行程：
① 日程：

续 表

第一天:6.10(五)上海—成都 T190 次,宿火车上。
第二天:6.11(六)途中,宿火车上。
第三天:6.12(日)上午 7:00 抵成都,成都—九寨(BUS),宿九寨山庄。
第四天:6.13(一)九寨沟一日游:五花海,诺日朗瀑布等,宿九寨山庄。
第五天:6.14(二)游览黄龙仙境,乘 BUS 返成都,宿成都大酒店。
第六天:6.15(三)上午游览杜甫草堂,下午成都—重庆 T95 次,宿火车上。
第七天:6.16(四)上午×时×分抵渝,市内景点:白公馆、渣滓洞。
第八天:6.17(五)上午 10:00 乘“扬子江”游轮游三峡,宿“扬子江”号。
第九天:6.18(六)观光瞿塘峡、奉节白帝城,宿“扬子江”号。
第十天:6.19(日)观光巫峡、小三峡、西陵峡,宿“扬子江”号。
第十一天:6.20(一)约晚上 7:00 抵武汉,宿江汉饭店。
第十二天:6.21(二)市内观光:东湖、黄鹤楼,晚乘飞机返沪,结束愉快旅程。回到温馨的家。
② 注意事项:
请成都××一定订妥 15/6(三)T95 次硬卧 33+2 张;
请重庆××国内部订妥 17/6(五)“扬子江”号邮轮船票 33+2 张;
请武汉××确保 21/6 机票 33+2 张;
名单中 7、8 喜素食;
请成都×× 14/6 晚餐加标准每人 30 元作为欢迎;
请武汉×× 20/6/午餐加标准每人 30 元作为欢迎;
各地请一律派空调车观光。
③ 联系人:
成都××旅游公司联系人×××、×××
电话:028—×× ×× ×× ××
传真:028—×××× ×× ××
重庆××旅行社联系人×××
电话: 023—××× ×× ×××
传真: 023—×× ×× ×××
武汉××旅行社联系人×××
电话:027—×× ×× ×× ××
传真: 027—×× ×× ×× ××
本社联系人×××
电话:021—×× ×× ×× ××
传真:021—××××× ×××

附一份打印的正式名单，名单要写明姓名、性别、年龄和身份证号码。这样的一份计划就比较明白清楚，便于接团作业。

团队出发前24小时以内，产品运行人员还应对计划进行一次最后的再确认，以防地接社疏忽和遗漏，发现问题可及时补救。特别要强调，产品运行人员千万不能因怕麻烦而不确认。

有时在团队出发前还会发生特殊情况，如游客家中发生重大事情而不能外出旅游。因此，要发紧急通知。

紧急通知范例

成都××旅游公司、重庆××旅行社国内部、武汉××旅行社国内部及本社有关部门：

现因我社组织的SSS—C—050610团名单33+2人中，27、28两位客人家中主要亲属生病住院，不能参加组团，请取消这两位游客的一切车、船票和住房。请各社关照，尽量减少损失，如产生必需之费用请报我社，由我社承担。

谢谢，不便之处请谅解！

上海××旅行社
业务部×××
×年×月×日

任务1.3 办理出入境手续

近年来国际旅游手续虽已日趋简化，但仍然必须办理出入境手续。按出国旅游惯例，凡出入境旅游必须具备护照、签证及预防接种证明等基本文件，并接受CMQ检查，即海关(Customs)、移民局旅游文件证照检验(Migration)、检疫(Quarantine)。出入境手续按申办方式可分为个别申请和旅行社代办两种，旅行社组团产品计调人员需要掌握一定的出入境手续代办的知识和技能。

一、受理咨询

当顾客咨询代办旅游手续时，为打消顾客的疑虑应热诚接待，并认真倾听顾客对“身份”“旅游性质”“前往地区”“旅游期限”等的说明。因情况不同，所受限制各不相同，因此应在了解了委托代办事项的问题核心后，予以简明适当的解答，并告知顾客申办出入国境的步骤和程序，及时提供公司的“委托代办旅游手续准备资料单”。由于每位顾客旅游手续的需求不尽相同，应备制一套代办手续的资料供顾客参阅，顾客所需的资料要在每一单项资料上做标记符号，提醒顾客准备。

二、接受委托

当顾客(申请人)的证明文件资料准备齐全，受理其委托代办时，需要核对资料：申请人的护照相片 6 张、二寸相片 12 张，均需半身脱帽的光面质，为近期所拍，尺寸大小、相貌、发型完全相同，背面书写姓名、籍贯。

申办资料：由于顾客出入境的性质与目的不同，申请出入境护照、签证等要求具备的文件资料各异，要求申请人资料皆以身份证户籍资料为准。无论中英文均须用正楷填写，英文姓名的填写以查对标准国语字典发音填写。

在清点证明文件件数确实无误后，应给顾客出具签收单作为责任凭证。

三、代办申请程序

代办申请程序主要涉及如下事项：

接受顾客委托后校对顾客所填申请书是否正确和完整；

根据顾客职业及户籍地址，将申请书及时送交相关收件柜台并按规定办理；

不应附送的原始文件(如聘书、移民证件、护照等)请妥为保存，以免丢失；

估算有关单位正常作业流程所需日期，如逾期未获发证，再提出查询；

领证后，请迅速转交顾客，交代清楚，并保持记录完整；

对未准或须补件的文件，应迅速告知顾客，重新填写或补证；

申请送件时，应事先由承办人员将各项申请表件资料填妥并核对无误后，与业务部门主管或指派专人复审，再叫送件人查收，并于送件簿最末一名的次一栏以下空白加盖负责人或经理人的职名章，加注日期以示负责；

送件时各项资料务必要预先核对，倘有不符规定经过退件者，即视为新件，须重新办理送件手续；

申请书证件请按送件单所填写的姓名顺序排列，以利柜台收件人员核对；

送件时填写送件单一式三联，连同申请书、申请人照片及证件装袋；

申请书经审查缴费，取回证件及收据。领取护照时应使用领件章。

组团产品运行人员需要掌握帮助游客填写相关申请表的方式方法，将出入境手续办理的重要表格引用如下：

请用正楷字及蓝色或黑色水笔填写(贴条形码)

中华人民共和国护照/旅行证/回国证明申请

<table>
<tr><td rowspan="4">个人信息</td><td>中文姓</td><td></td><td>拼音(姓)</td><td></td><td rowspan="7">照片粘贴处
★近照(6 个月内)；
★正面(可见双耳)；
★免冠(不戴帽饰、不化浓妆)；
★背景为白色或淡蓝色
★尺寸为 48mm × 33mm，头部宽 21—24mm、长 28—33mm
★请提供一式 3 张</td></tr>
<tr><td>中文名</td><td></td><td>拼音(名)</td><td></td></tr>
<tr><td>性别</td><td>□男 □女</td><td>民族</td><td></td></tr>
<tr><td>出生日期</td><td>年 月 日</td><td>出生地点</td><td>省(自治区/直辖市)</td></tr>
<tr><td rowspan="3">原证件情况</td><td>种类</td><td colspan="3">□普通护照 □外交护照 □公务护照 □公务普通护照
□其他，请说明：</td></tr>
<tr><td>号码</td><td></td><td>签发地点</td><td></td></tr>
<tr><td>签发日期</td><td>年 月 日</td><td>有效期至</td><td>年 月 日</td></tr>
</table>

续 表

<table>
<tr><td rowspan="2">持因公护照或海员证者填写</td><td>国内派出单位</td><td colspan="2"></td><td>批准在外停留期限</td><td></td></tr>
<tr><td>出国事由</td><td colspan="4">□临时出差 □常驻 □其他，请说明：</td></tr>
<tr><td rowspan="2">国内户籍地址</td><td colspan="3" rowspan="2"></td><td>联系人</td><td></td></tr>
<tr><td>联系电话</td><td></td></tr>
<tr><td>国外长期居住地址</td><td colspan="3"></td><td>联系电话</td><td></td></tr>
<tr><td>现职业及现工作单位名称</td><td colspan="3"></td><td>联系电话</td><td></td></tr>
<tr><td rowspan="2">申请事项</td><td colspan="5">□护照新发 □护照换发 □护照补发 □旅行证 □回国证明 □因公护照换发因私护照</td></tr>
<tr><td>护照加注</td><td colspan="4">具体内容：</td></tr>
<tr><td rowspan="4">家庭成员</td><td>亲属关系</td><td>姓名</td><td colspan="2">现住址</td><td>联系电话</td></tr>
<tr><td>配偶</td><td></td><td colspan="2"></td><td></td></tr>
<tr><td>父亲</td><td></td><td colspan="2"></td><td></td></tr>
<tr><td>母亲</td><td></td><td colspan="2"></td><td></td></tr>
<tr><td rowspan="3">是否加入外国籍或持有外国护照</td><td>外国国籍</td><td>□是 □否</td><td>入籍时间</td><td colspan="2">年 月 日</td></tr>
<tr><td rowspan="2">外国护照</td><td rowspan="2">□是 □否</td><td>外国护照号码</td><td colspan="2"></td></tr>
<tr><td>需说明情况</td><td colspan="2"></td></tr>
</table>

我保证以上内容全部属实，并已与领事官员见面。如有隐瞒，由此引起的一切法律责任均由本人承担。申请人签名(中文正楷，简体字)：______________申请日期：________年________月________日

(如申请人为未成年儿童，父母或监护人携儿童到场后，可代填申请表并签父母或监护人姓名，同时标明与申请人关系)

赴英签证个人资料表

姓名		出生年月日		出生省份及城市	
性别		婚姻状况		户口所在地	
配偶姓名		出生年月日		出生地	
配偶工作单位		配偶职务		配偶是否同去	
父亲姓名		出生省份		出生日期	
母亲姓名		出生省份		出生日期	
子女姓名		出生年月日		出生地	
子女姓名		出生年月日		出生地	
子女现住何处		如在国外上学请提供其护照号码，国外住址及电话			

续 表

家庭住址		邮政编码		家庭电话			
现住地址多长时间		手机号码		电子邮箱			
护照号码		签发日期		签发地		有效期	
是否有旧护照,旧护照号码		如有,旧护照现在何处		是否去过英国			
是否被拒签过?如有,请说明因何理由被拒		在英国是否有亲属?你此行会去探望他们吗					
如有,请提供对方的国籍,国外住址及电话							
工作单位名称		本人职务		负责人姓名及职务(非本人)			
单位地址		单位电话		单位传真			
何年、何月、何日起在本单位工作		单位邮箱地址					
是否同时有另一份工作?如有请提供你的职位,单位名称,地址和电话		你何时开始做这份工作					
月税后收入(包括所有收入来源)		是否有股票或基金?如有请提供证明					
每个月给家人多少钱		自己每个月日常花销是多少钱					
此次英国之行的交通费谁来付		住宿费和餐费谁来支付					
如果别人为你支付这些,他们会给你出多少钱		你这次在英国停留期间打算花多少钱					

★本人声明:以上所填内容完全属实,否则取消本人旅游资料并由本人承担因此造成的损失。

★申请日期: 年 月 日 申请人签名:________

任务 1.4 办理保险手续

各旅行社必须同当地保险公司(旅行社应同中国人民保险总公司营业部)签订《旅行社游客旅游意外保险协议书》。如当地保险分公司鉴于经济效益等原因不愿意签约,地方旅行社可与保险总公司联系签约投保。旅行社应根据协议书规定按接待人天数投保并按时向保险公司交纳保费。另外,当旅行社投保遗漏率达 10%以上(含 10%)时,保险公司将有权在续保时加收保险费,并相应减少劳务手续费的给付比例。

1. 旅行社办理旅游意外保险,必须在境内保险公司办理。

2. 旅行社组织团队旅游,在与旅游者签订的合同中,应当明确列明旅游意外保险条款。

旅游意外保险条款应当包括以下内容:保险费;保险金额;旅行社与承保保险公司商定的各项旅游意外事故的赔偿比例。

3. 旅游意外保险投保手续应由组团旅行社负责一次性办理,接团旅行社不再重复投保。

4. 组团旅行社应按《中华人民共和国保险法》规定的保险合同内容，与承保保险公司签订《旅游意外保险合同书》。

5. 旅行社以下列方式向保险公司办理旅游意外保险投保手续：

每组织一个旅游团队，向保险公司办理一次投保手续；

以上一年度组织旅游者的人数为基准，一次性向保险公司办理本年度的投保手续。

6. 旅行社应与承保保险公司在保险条款中对旅游意外保险索赔有效期限做出约定，一般应自事故发生之日起180天内为限。

7. 旅行社应当为其派出的向旅游者提供服务的导游、领队人员办理旅游意外保险。

8. 旅行社的销售价格中，应包含旅游意外保险费，该保险费可单独列项。

9. 当旅游者在保险有效期内发生保险责任范围内的事故时，旅行社应及时取得事故发生地公安、医疗、承保保险公司或其分支公司等单位的有效凭证，并由组团社同承保保险公司办理理赔事宜。

对旅游者的小额行李物品损失的赔偿，旅行社应与承保保险公司在保险条款中做出规定；在约定数额内可由旅行社先向旅游者垫付，旅行社凭理赔申请及损失证明与承保保险公司办理赔偿手续。

10. 旅行社应妥善保管旅游意外保险投保和理赔的各种资料，接受旅游行政管理部门的检查；在理赔案件发生后，应及时将理赔情况报当地旅游行政管理部门备案。

11. 旅行社应选择保险业务信誉好、服务网络面广、无不良经营记录的保险公司投保。

旅行社(投保人)应将其"关于接待旅游团的通知"副本一份连同游客名单，经签章并在右上角顺序编号(编号/001开始)后送保险公司(保险人)作为投保依据。保险公司在收到上述"通知"后，将承保确认书正本一份寄旅行社，以资证保险开始生效。

投保确认书范例

××保险公司承保确认书
兹收到你社于　　年　　月　　日寄来的代投保单(关于接待旅游团的通知)第　　号，此批《通知》所载的　　个旅游团，编号　　，人数　　人，特此证实上述你社游客意外保险已由我公司承保。
××保险公司
年　月　日
本文一式两份，1份寄旅行社，1份留底。

任务1.5 选派领队、全陪

出境团队需要选派领队，国内团队则需要选派全陪。领队和全陪的责任非常重大，一个旅游团外出旅游成功与否，最后要看全陪的工作。全陪从领取任务、熟悉计划开始，实际上就参与了工作。计划内外发生的一切事情，都要靠全陪的作业来完成。全陪除全心全意为游客着想做好服务工作外，还应关心行李工作、导购工作，同时还要处理突发事件，可谓责任重大。因此,一个好的全陪应该熟悉业务,有职业道德,机智、沉着,既要站在游客立场维护旅游者的利益,又要和当地地陪人员甚至饭店服务人员搞好关系。

当然,旅行社接待部门也应给予全陪导游适当的权限,诸如加菜、买饮料、交际费等,同时也要注意提高全陪人员的素质。全陪派好了,整个发团流程工作也就顺当了。

作为组团产品运行人员,需要根据游客的需求、导游人员的素养、目的地的状况等选择合适的全陪和领队。领队人员确定以后,组团计调需要向其发放"领队出团通知书",以告知接待团队的基本信息和旅游接待事项。

出境领队出团通知书

TO 领队________,手机______________,领队证号________,应急电话______________,联系人________

团号________,人数________(其中占床儿童人数________,不占床儿童人数________),旅游线路与天数________

请在出团日时在机场国际出发大厅举旗(或游客姓名)候客集中,收取证件,办好登机牌,协助办理托运过安检、带领游客旅游,祝顺利!

续表

序　号	游程内容	早餐地点	午餐地点	晚餐地点	国家/酒店	电话/备注
1						
2						
3						
4						
起飞时间	月　日 时　分	航班/车次		导游 手机		
区间交通	月　日 时　分	航班/车次		导游 手机		
返回时间	月　日 时　分	航班/车次		导游 手机		
备注						
领队带团须知	领团时首先查看出团清单是否齐全,检查个人装备,提前与游客联系,确认护照、机票、签证是否有效。收集和保管好每位游客的护照、旅游证件、港澳台通行证,协助游客填写出入境申请表,过好每一国家和地区的海关。 出团前要了解旅游目的地国家的主要人文、宗教、历史景观知识和风俗习惯,以免游客提问陷入被动。带头遵守当地的风俗与宗教习惯,尤以伊斯兰教为主的伊斯兰国家地区。要具有爱心、细心、耐心、责任心,协调好与各类游客的相处关系,表达幽默、遇事不慌、冷静忍耐。有责任与义务监督当地导游在游览途中的擅变行为,如须变动应征得参团游客签字认可方可。 出行集中前将证件存放于旅行袋内随身携带、小心保管,并在机场手推行李车上放写有团号及领队姓名的标志,方便游客辨认。派发乘机牌及证件给客人,并向客人解释乘机牌上的资料、航班编号、登机时间及闸口编号。 抵达目的地国家地区,经海关检查时,切勿替游客携带行李过关,如遇问题,协助游客办理登记申报。领队应第一个安检,最后一个离程,告之关于团队人数及资料,并在团友上车前或集中时收回护照(此为最佳阶段)。 入住酒店时,提醒游客索要前台分发的酒店名片,并教会游客几句当地的常用语言。留意上饭菜的次序与速度,有需要时协助上菜或运菜,游览时应主动替游客拍照。					

领队在确认了出团通知书的注意事项后，为了明确工作任务，划分工作责任，一般情况下对于重要团队，组团计调还需要领队人员自行签署“领队声明书”。

领队声明书范例

邻队声明书
本人____________________自愿担任旅行社有限公司(以下简称“公司”)“领队/兼职领队”一职，如被安排带团期间，本人自当尽力为公司及所有游客服务，如有团队上的问题，愿尽全力解决和维护公司的利益，本人明白触犯以下任何一条，愿意承担公司的一切损失及赔偿。
1. 被安排出团指示后缺席或行程途中离团，须赔偿公司的所有损失，而所付的任何费用均被公司没收。
2. 出团当日必须在游客集合前 30 分钟抵达集合地点。
3. 必须负起照顾游客需要及安全的责任。
4. 如遇本人证件问题而不能随团出发，公司有权保留向本人追究赔偿责任的权利。
5. 本人在出团前一日必须与游客核对集合时间与地点，确保准确无误。
6. 如将出团的船票、车票、门票等擅自贩卖图利或签收后遗失泄露，本人愿意负责及赔偿公司的一切损失。
7. 本人明白在带团途中不可推销或贩卖未经公司认可的商品或服务。
8. 带团途中如发生严重事故，本人须先向当地接待单位及公司全职领队寻求协助，返回后，第一时间向公司汇报。
9. 带团中每晚必须将本人的房间号码及联络电话告之游客，方便游客需要和紧急情况下联系。
10. 本人不可在旅游车上睡觉，阅读非旅游书籍、听音乐及玩电子游戏机等。
11. 本人不可在游客在场时吸烟，到达任何旅游景点时必须下车，严禁长时间停留在车上。
12. 本人明白出团时严禁私自携带亲友出团，向游客滥收或强收小费。
13. 绝对不能答应游客的任何赔偿要求。
14. 不能提出安排游客返回后向公司做出投诉的承诺。
15. 出团报告表必须在返回 3 天内交给公司负责人。
16. 各项团中支出必须凭单及附上出团清单方可取款。
17. 如向公司领取出团物件而不能归还，本人愿以该物件款额向公司做出赔偿。
本人在此职位申请表上所填写的一切均属真实准确，本人愿意负责以上各项守则，并授权________________旅行社做出一切有关本人的查询：
本人签名：　　　　日期：
身份证号码：

对于国内旅游的全陪人员，组团计调人员也需要加以认真选择，在找到合适人选之后，需要向其发放“全程导游任务单”，以告知其接待内容。

全陪导游任务单

(请认真查看，如有问题请及时询问)

TO:导游________,手机______________,导游证号________________

现公司有一团,团号,线路,游览天数________天,人数________人,(其中退休老人________人,占床儿童________人,不占床儿童________人,婴儿________人),团队性质(□散拼 □团队),领队姓名,手机。公司特委派你作为此团导游全程陪同游客游览,于________月________日________时在________乘航班/车次前往。请认真阅读导游任务单,提前与领队和地接导游联系,遵循公司的规章制度,注意行为规范,维护公司的信誉,并有义务监督接待社的工作及接待质量!

① 地接导游姓名________,手机______________;② 地接导游姓名________,手机______________;③ 地接导游姓名________,手机______________。

(一) 游程安排(本次团队标准:□三星豪华 □二星标准 □四/五星贵宾 □机酒自由人/会展)

(二) 接待社确认的标准及费用

① 接待社:已汇款________元,现付________元,余款________元(□团队离开前现付 □团队结束后公司汇款)

② 接待社:已汇款________元,现付________元,余款________元(□团队离开前现付 □团队结束后公司汇款)

③ 接待社:已汇款________元,现付________元,余款________元(□团队离开前现付 □团队结束后公司汇款)

酒店情况
D1 宿________,________星(□市内 □偏 □挂牌 □未挂 □大堂敞亮 □大堂小 □无大堂 □房间新 □房间陈旧)
D2 宿________,________星(□市内 □偏 □挂牌 □未挂 □大堂敞亮 □大堂小 □无大堂 □房间新 □房间陈旧)
D3 宿________,________星(□市内 □偏 □挂牌 □未挂 □大堂敞亮 □大堂小 □无大堂 □房间新 □房间陈旧)
用餐情况:________________________________
车辆状况:________________________________
司机服务:________________________________
导游服务:________________________________
景点游览:________________________________
购物/点:________________________________
请全陪就此次团队情况如实阐明(可另附纸说明,切记接待社质量反馈单须由领队或游客签字,忌擅自签字):

任务 1.6　做好出游提示

在游客出行前夕，一切接待准备工作应该完成，为了得到游客的配合并告知其出游的注意事项，组团产品运行人员可以委托领队、全陪人员召开“出游事项说明会”，告知游客相关事宜，并听取游客建议。也可以制作“出团通知书”或“出游事项说明书”发放给游客，做好出游前的提示工作。

一般而言，除了告知行程之外，出游提示还应包括：出发和返回的时间、地点；领队和导游的姓名和联系方式；旅游期间应该携带的证件和物品；出入关口或者乘坐交通工具的注意事项；产生的旅游费用的结算处理方式；人身、财产安全的提示。

现以江苏某旅行社在香港游团队出发前发放的“出团通知书”为例，来考察出游提示所包含的主要内容：

出团通知书范例

“燃情假日”出团通知书
____________先生/小姐
您参加的香港双园品质 4 日游旅游团，行程已定，请于 7 月 21 日中午 12:00 在南京禄口国际机场二楼国际出发大厅中国银行柜台准时集合，团队将于 7 月 21 日 14:10 飞往香港。
领　队：杨志 139147005＊＊
送团人：王晶 138149886＊＊
团队详细行程
注意事项：
请携带本人身份证；自备证件者(护照、通行证)请务必带好证件；
严禁携带机、车、船禁带的危险品登机，尖状物、利器、液体类、胶状物、膏状物、泡沫状物(香水、摩丝、牙膏等)必须托运；严禁携带国家规定的文物名人字画；携带摄像机、数码相机、进口变焦相机者须在出关前申报，否则入关时将缴纳税金。严禁携带新鲜果品及政治性书刊，务请尊重当地的风俗习惯；进港只能够携带 3 包香烟；
请严格遵守法律，不得从事违反法律的活动；
行李箱必须有锁，贵重物品和现金、重要文件及证照等请务必随身携带，不要托运，否则发生丢失、损失责任自负。随身行李中不得有利器，托运行李中不得夹带易燃、易爆物品；
用房原则上安排同性别两人一间，在不影响总房数的前提下可安排夫妻或一家人同住。不排除夫妻分开的现象；若出现单男单女，以加床为主。18 周岁以下小孩儿不占床，如有特殊要求须补房差；
注意环保，酒店一般不提供一次性卫生洁具，务请自备；
不论何种季节，务请携带外套和长裤，以备车上之用；

续 表

“燃情假日”出团通知书
客人应随团活动，原则上不能退出或离团，如要退团或离团，所余费用概不退还；还须另补脱团费每人每天人民币 1 500 元后方可离团。脱团后行为责任自负，并且领队将根据江苏省公安厅的有关规定，向有关部门做书面报告；
因导游、司机是超时工作，故香港导游、司机服务以小费为基本收入，因此有收小费的惯例。收费标准为每人人民币 50 元/天。请于出团前在机场统一交由领队收齐；
务请随身携带并保管好自己的财务、机票及护照等贵重物品，如遗失，领队帮助报警，但由此影响行程所产生的一切费用由本人自付；
对于以上事项，如有异议请与报名社联系，否则将视为无异议。请配合领队工作，祝各位旅游愉快！
请如实填写《海关申报单》，凡虚报瞒报者将承担法律责任。
对抽烟者有严格的限制，务请不要随意抽烟和乱扔烟头垃圾；
如游客遇到退货问题，请致电香港旅游发展局！联系电话：00852+852 28076543
请按出团通知书上的集合时间和地点准时到达，如因迟到影响行期后果自负！

课程思政重点

爱岗敬业

爱岗和敬业，互为前提，相互支持，相辅相成。“爱岗”是“敬业”的基石，“敬业”是“爱岗”的升华。

爱岗敬业指的是忠于职守的事业精神，这是职业道德的基础。爱岗就是热爱自己的工作岗位，热爱本职工作，敬业就是要用一种恭敬严肃的态度对待自己的工作。

在旅行社组团产品运行过程中，涉及环节比较多，工作比较烦琐，只有爱岗敬业的工作人员，才会在自己的工作岗位上勤勤恳恳，不断地钻研学习，一丝不苟，精益求精，才能够更好的完成本职工作，为企业和社会奉献出自己的力量。

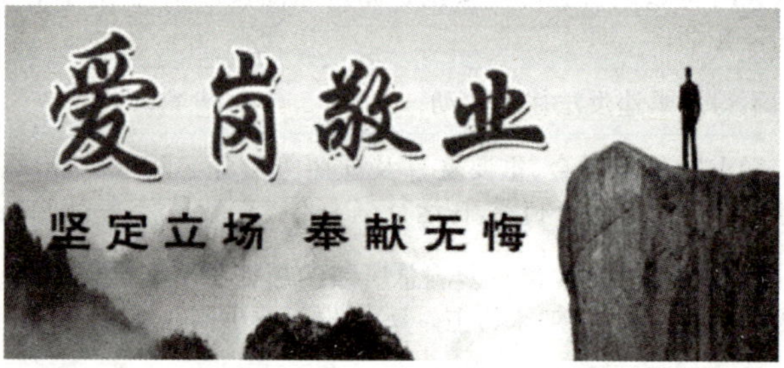

在线学习

关键词点击　　知识链接　　案例分享　　线上练习

工作评估表

标准＼等级	优　秀	良　好	及　格	不及格
标准团号的设定				
接团旅行社选择				
接待计划、接待价格的商定				
出入境手续办理				
旅游保险办理				
领队、全陪选派				
出游提示工作				
团队精神				
工作态度				
创新能力				
总体评价				
自我总结				

拓展实践

1. 请解读出以下 WTO 团号所包含的信息：

(1) HDH02—2F1012B

(2) HKZ06—2F0812A

2. 请根据所提供的信息，为旅游团编制 WTO 规范团号：

(1) 旅游团将进行“昆明一飞一卧四日游”，出团时间为：7 月 5 日

(2) 旅游团将进行“新加坡双飞五日游”，出团时间为：12 月 1 日

项目二

旅行社接团产品运行

配套微课

接团工作的开始，往往是旅游者真正意义上旅游的开始，旅游者将根据旅行社为其提供的各类服务的质量，对旅行社做出评价，因此接团工作的好坏，直接关系到旅行社的知名度和美誉度，进而影响到旅行社的企业经济效益与社会效益。旅行社必须严格按服务流程进行接团管理，同时协调好与相关单位的合作，以顺利完成接团任务。具体包括以下任务：

任务 2.1　制订接待计划

任务 2.2　向协作单位询价

任务 2.3　向组团社报价

任务 2.4　采购产品要素

任务 2.5　确认接待计划

任务 2.6　选派地接导游

任务 2.1　制订接待计划

当接团社接到组团社发来的预报计划传真或者接待部从外联部取得预报后，首先应根据团队的基本情况和要求制订出一份周详的接待计划。它包括游程安排、团队成员背景资料和团队基本情况及要求三部分。其中，游程安排须写明全程游览线路、出入境日期、地点、车次或航班，出境机票的票种、国内旅游点之间使用的交通工具种类及抵离时间、地点、各地主要游览项目等。团队成员背景资料，应显示每个团员的姓名、性别、年龄、职业、宗教信仰等。团队基本情况及要求，应包括组团社名称、旅游团名称、代号和电脑序号、领队姓名、国别和语种、收费标准或团队类别等级、各住宿地宾馆名称、团队成员的特殊要求和结算方式等。

计划制订后要进行分类，确定不同的工作重点。例如，若是为进行医疗保健、商务会议等目的来旅游的专业旅游团，除做好一般的旅游活动安排之外，要尽早和有关部门取得联系，安排好专业活动的时间、地点、用车，甚至要做好为会议团编印会议通知，在饭店或机场设服务台等事宜。

接待部门要注意进行合理的日程安排，导游人员在具体接团过程中，可以做适合变更，安排日程时要注意：

日程安排要留有余地，有张有弛，一种活动量大的项目之后，要安排另一种较为轻松的游览项目或提供一段休息时间，以使旅游者体力、精力得到恢复，提高游兴，也可避免因过度劳累而患病等问题。

要充分考虑旅游团自身的特点，若是旅游团中以老年人居多，应注意不要安排过多项目，节奏要放慢；年轻人多的旅游团则可多安排一些项目，每个景点停留的时间可不必太长。如果旅游团有特殊的要求，还要进行一些不同的项目安排。

适当为旅游者空出自由活动的时间，如下午或晚上的时间，这样可以让旅游者能更深入地了解当地居民生活。注意不要安排旅游者到治安条件不好、复杂混乱的地方自由活动。

任务 2.2 向协作单位询价

地接社在制定了日程安排，初步确定游客游览过程中需要涉及的交通、住宿、餐饮、景区点、娱乐和购物活动之后，需要向这些要素供应商询价，以明确接待成本，并向组团社报价。询价的方式主要有电话和传真咨询两种，建议为了落实"有据可查"的原则，宜使用传真或电子邮件询价的方式。在确定了接团产品各要素的价格后，地接社工作人员需要进行内部计价。

具体与各协作部门的合作步骤及注意事项如下：

一、与交通企业合作的步骤及注意事项

向交通企业申请建立合作关系，签订正式经济合同书，确定合同量，然后领取合同书。这一点在实际操作中很难做到，尤其是在旅游旺季时，旅行社的汽车票、火车票、飞机票很难预定，造成游客投诉，所以在平时如果能与交通部门协调好，签订协议书是非常有必要的。

与交通企业和票务部门保持联系，对常用车次（汽车、火车）进行整理统计，及时更新航班班次、价格。

将各种票务的规定了解清楚，然后进行整理、打印，再分配给前台接待部门和销售（外联）部门，并报审计和财务备案。其中包括：

1. 提前预订票的时间限制；
2. 订票应交付定（或订）金的百分比（每个旅行社会设置不同的比例）；
3. 改票、退票的损失比例（参考交通部门的有关规定）；
4. 与财务部门协商、设计和印刷一些账单，其中包括：机/车票报账单、机/车票定（或订）金报账单、机/车票变更/取消报账单；
5. 与销售（外联）部门协商、设计、印刷一些表单，其中包括：飞机票预订单、火车票预

订单、汽车(票)预订单、机/车票变更/取消通知单;

6. 根据接待计划实施订票、购票;

7. 明确取票手续和报账程序。

二、与饭店合作的步骤及注意事项

饭店是旅游业三大支柱产业之一,饭店服务质量的好坏直接影响到旅游接团的质量。旅行社应了解旅游饭店的地理位置、周边环境、硬件设施、服务质量、价格定位等情况,在调查、考察的基础上,选定几家饭店作为合作伙伴,建立稳定融洽的关系。一方面,积极争取合理的优惠房价;另一方面,保证向饭店提供一定数量的稳定客源。

与饭店合作的步骤:

1. 根据预报的年客流量、客源的层次、住宿要求与外地和本地的酒店洽谈业务,并实地考察饭店的环境、设施及服务等,签订合作协议书及经济合同等。

2. 把以下各项内容了解清楚,整理列表,打印后发给外联部门,报审计、财务备案:

有关订房的各种规定,如有无预订要求或提前预订客房的时间。

各酒店旺、平、淡季的月计划及其价格。

客房单、双、三人间,大、中、小套间,豪华、总统套间等不同类型及其在不同季节的价格。

门市价(散客价)、旅行社合同价(团队价)和特殊优惠价,加床费、陪同床费等。

各式早餐、正餐的价格等。

3. 掌握饭店最新客房行情,争取更优惠的房价,要经常与饭店保持联络,及时主动地将客人的反映转达给饭店。

协商、设计、印刷一些订单,其中包括:住房预订单;变更住房预订单;取消住房预订单。

把预订单转交给接待部门和导游,以便做好接待工作,注意报账程序。

三、与餐饮企业合作的步骤及注意事项

相比较而言,游客在外用餐较难管理,为保证旅游者饮食质量,在特色游览线路上,应固定几家餐厅作为游客的用餐基地;经常听取旅游者和导游人员的意见,并针对饮食状况加以检查,及时将意见反馈给餐饮部门,发现问题要及时纠正。

与餐饮行业合作的步骤:

1. 先实地查看旅游定点餐厅的地点、环境、卫生设施、停车场地、便餐和风味餐菜单等。满意后,根据国家旅游行政管理部门规定的用餐收费标准,与餐厅或饭店洽谈用餐事宜,并签订相关协议书等。

2. 与财务部门协商印制或打印专用的《餐饮费用结算单》。

3. 将下列内容整理、列表、打印、分发给接待部门,并报财务部备案:签约餐饮单位名称、电话、联系人的姓名、风味特色等;不同等级(标准、豪华)旅游团(者)的便餐、风味餐最低价格标准等。

根据接待计划或订餐单,将用餐地点、联系人姓名转告接待部门或导游,以便做好接待工作。根据《餐饮费用结算单》与财务部门共同进行复核,并由财务部门定期统一向签

约餐厅结账付款。

四、与参观游览点合作的步骤和注意事项

到旅游点参观游览是旅游者活动的重要内容，参观游览及娱乐部门会接待众多的游客。为寻求这些部门的支持与合作，旅行社接团部门要及时上门与其沟通意见，定期结算相关费用，以取得景点、娱乐部门的支持与配合，确保旅游活动安排顺利进行。

与参观游览景点合作的步骤：

1. 与景点就以下内容进行洽谈，并签订协议书：

旅游门票优惠协议价格事宜(散客、团队、儿童、学生团体、老人、军人、残疾人)；

大、小车进园的费用；

景区外(内)是否有停车场，可供同时停泊车辆数、停车费用、停车时间等；

结算方式和期限。

2. 与景点协商印制专用的《参观游览结算单》；

3. 将以下有关签约景点的规定事宜整理列表，打印后分发给接待部门并报审计、财务备案；

签约景点的名称、电话、联系人；

将带团前往某旅游景点参观的进门方向；

去某景点的行车路线、停车地点。

五、与旅游定点商店合作的步骤

购物是旅游者活动的组成内容之一，旅行社要选择信誉度高、服务质量好的购物商店，建立相对稳定的合作关系，保证商品的质量，丰富旅游者的活动内容。

根据国家及地方旅游行政管理机构的有关规定，与旅游定点商店签订协议书，并洽谈以下合作事宜：

本着兼顾国家、集体、个人三方利益，又注意鼓励多劳多得的原则，制定内部分配政策和奖励措施。

将所签约的商店名称、导游带团购物手续、附属的有关规定打印后，分发给接待部。

与财务部和接待部协商后，设计、印刷《购物结算单》，并明确使用方法。

六、与娱乐行业合作的步骤

1. 与娱乐单位就以下事宜进行合作洽谈，并签订协议书：

旅行社通过何种方式(电话、传真或其他)进行预订文艺节目票。

门票优惠价格(散客、团队、儿童、学生团体、老人、军人、残疾人等)。

旅行社可以为旅游团(者)进行包场演出。

文艺单位送戏上门演出。

2. 将下列事宜整理、列表、打印后分发给接待部，并报审计、财务备案：

签约娱乐单位的名称、地址、电话、联系人等；

演出节目的种类和演出时间；

门票价格。

3. 随时与娱乐单位保持联系，了解最新节目信息，索取节目简介并通报给接待部。

4. 与相关部门协商后，设计、印制一些单据，并明确其使用方法，其中包括：文艺票预订单；文艺票变更/取消通知单。

5. 根据接待计划或订票单，实施订票并把订票情况如实转告接待部或陪同。

财务部按协议统一结账或一次一报、一团一清。

任务 2.3 向组团社报价

地接社在确定了行程及进行了内部计价后，要及时向组团社预报行程并报价。需要说明的是，地接社内部计价的价格并不等同于向组团社报价的价格，否则接待社便无利可图了。一般情况下，地接社的报价等同于内部计价加上旅行社的利润。按照地接社内部计价的结果进行报价，可作以下演示：

350 元/人＋350 元/人×10％(利润率)＝350＋35＝385(元/人)

确定了接待价格后，接待社须及时向组团社预报行程并报价。双方确认可以使用以下的协议确认书。

同行团队接待协议确认书

TO：________ 旅行社，________经理

TEL：________FAX：________

感谢您的信任与支持，现将贵社________团________人的行程报价确认给您(不详请来电)：

(一) 行程(为确保接待质量，谨希望贵社能如实将承诺给游客的内容告知我社)

主要游览行程、景点参考

(二) 接待标准及成本分解

A 成人综费： 房费：________元/人(星标准)×天：________ 餐费：________元/人/天(早 正)＝________元 车费：________元/人(座________车) 其中：________ 门票：________元/人( ) 区间交通：________元 导游：________元/人 全陪________元(凭证免费) 报价未含：________	B 代办费用： 1. ________________ 2. 12 岁以下儿童(身高不超 1.2 米)不占床/硬卧 费用：________(不含酒店早餐) 本团接待费用累计为：________元/人 已付费用：________ 未结费用：________ 合计：________

（三）结算价及付款方式约定

1.我方将按双方拟定合同执行，即：________
2.出团前预付团款总额的________%，并将汇款单即时回传至我社，余款应当在团队离开前结清
3.散客出行前须结清全款，并将汇款单及时回传至我社（本社提供接待发票，大交通票据复印留底）
本社全称：____
开户行：________　账号：________
卡号户名：________　开户行：________　卡号：________

（四）友情提示和特别说明

为能更好地为贵社提供优质服务，请贵社提供游客名单表并告之全陪姓名________手机________本次接待单位应急电话________，导游________，手机________，举“________”旗。

一经双方盖章确认，我方将严格按照贵方给的合理要求及行程标准执行；

若因组团社未将变更的内容及时通知我社而造成损失或引起投诉（或承诺的团款未及时到达我社账上），组团社将承担一切责任；

如遇人力不可抗拒因素所引起的游客滞留、无法完成正常行程，我方将按《旅行社管理条例》执行，并征得游客谅解、同意，所产生的费用由双方协商解决；凡双方盖章确认的行程单，均具有同等法律效力，不得无故退团、改期，期望双方严格遵守接待协议。

接传真后如无异议请签字盖章回传确认，以便操作。

组团社（盖章）：　　　　接待社（盖章）：

经办人：　　　　经办人：

日期：　　　　日期：

任务 2.4　采购产品要素

在组团社确认了地接社的行程安排及报价之后，地接社就需要开始着手进行接待准备。地接社产品运行人员需要向交通、住宿、餐饮、景区点、娱乐和购物活动的供应商采购各种旅行社产品构成要素。

一、标准团餐的菜式选择

计调人员在操作旅游团队时，必须学会编制菜单。团队餐的质量往往也是旅游团产生不满和投诉的问题点。接待旅游团队的餐厅都有按照不同标准定制的包桌，但其质量往往达不到标准，作为计调，不能盲目地接受餐厅给出的标准，要学会根据客源地（或客人类别）不同按照标准罗列菜单。例如，“夕阳红”老年团要饮食清淡，荤素搭配得当；北方客人偏重面食，可在主食上配置馒头、花卷等；南方客人偏好甜食，色香味俱全；四川、湖南客人喜欢吃辣；不管是哪里的客人，如果在餐后添加一道水果，团餐的档次马上就会提升，注意到以上这些，即使再挑剔的客人也满意。

二、旅游车预定

汽车是旅游团队最常使用的交通工具，是计调操作时最常打交道的对象。计调在操作时，必须根据游客人数调度车辆，对于不同车型的载客人数、正座数、司机座、导游座、行李箱状况有个清晰概念。

旅行社团队用车租赁协议确认单

TO(车队/司机)________ MP(手机)________ 车队电话________

用车日期：________月________日至________月________日送团

团　号	人　数		客源地	等级	
所属车队	车牌号				
净车价	全包价		车型	正座	
行车线路参考：____月____日____时在接航班/车次，举“　”旗接站。					
导游________ 证号________ 手机________					
天数					
①					
②					
③					
④					
⑤					
⑥					
⑦					
⑧					

租用车辆费用结算方式(请选择打✓)：

A. 按协议结账(　　)

B. 团队结束时凭发票结账(　　)

C. 行程中预付40%，余款送团凭票结账(　　)

① 贵处所派司机必须听从我公司导游的安排，走完行程内规定的景点，不得私自改变公司签约的场所及私载客人。切莫因私人情绪、利益而影响团队的正常运行，否则后果自负。

② 司机必须提前半小时到达指定地点接团，送团时必须提前 1.5 小时将游客送达机场、车站，若因误时接送团，产生的一切法律后果由司机和车队承担。

③ 冬夏季，司机必须在客人上车前半小时打开空调，保持车内整洁卫生，若因空调、车况、司机态度、景点路线不熟等原因造成的投诉由司机和车队承担。

④如遇爆胎、车辆故障等不能正常运行，车队必须及时换车，否则引起的后果由车队负责。

⑤行程中自费项目和购物的分配比例为导游________，司机________，另外________作为佣金由我公司支付给组团社的全陪及组团社计调。

⑥确认后司机不能以任何理由、形式甩团、停团、拒绝游客上下车，不得刁难、干扰导游的正常工作，否则将承担因此产生的损失和法律责任。

供车单位(盖章)：　　　　　　　　　　　　　　租车单位：

地址：　　　　　　　　　　　　　　　　　　　地址：

紧急联系人及电话：　　　　　　　　　　　　　电话：

三、酒店预定

根据行程，确立酒店标准、入住日期等预订酒店。

酒店入住单(签单)

致：________酒店________先生/小姐/女士

Tel：________Fax：________

团队名称(客人名称)：________人数：________ 入住日期：________年________月________日至________年________月________日 中午 12 点共________天
住宿要求：单人房________间，双人房________间，三人房________间，陪同免房________间，宿费累计________元 膳食标准：早餐________元/人(□含早□不含早)，正餐________元/人(含当地风味)，餐费累计________元 付款方式：□按付款协议约定执行(导游前台凭此单登记入住)
备注：1. 此单只用于上述日期。公司盖章或指定专人签字有效，逾期无效。 2. 此单只用于上述服务，如未经公司同意擅自删改视同无效。 3. 结账请附上通知单、发票，作为本公司财务结账时凭证。
本公司名称(盖章)：　　年　　月　　日

任务 2.5　确认接待计划

在组团社发团前 2—3 天，为了保证行程的顺利，地接社需要再一次与组团社及食、住、行、游、购、娱的产品要素供应商确认接待计划，以防止临时性的接待变化。一旦接待计划有变动，地接社需要及时通知相关企业和部门，做好协调工作，以避免损失。比如，当游客人数、性别或游览时间产生变化时，接团产品运行人员需及时发放接待更改单通知相关酒店。

团队入住酒店更改单

致：________酒店________先生/小姐/女士

Tel：________Fax：________

您好，感谢贵酒店的支持与信任，由于团队变动，现将更改计划单传真给您，请见谅！

团号(游客姓名)	人　数	原入住日期	现更改日期	备　注

旅行社名称：

部门：

签字：

日期：

任务 2.6　选派地接导游

安排合适的接待人员。接待计划制订好以后，应根据旅游者的国籍、年龄、特殊要求等，精心配备合适的导游人员。若选择不当，则可能造成接待中的失误。所以旅行社接待部门领导须全面了解导游人员的性格、能力、外语水平、身体状况等情况。去接待学术团，应选择在相关领域有一定知识、经验丰富的导游人员，使导游人员与旅游者有更多相同的话题，让旅游者在旅游过程中更加轻松、愉快。对一些重点团队，除选派优秀导游人员外，旅行社各级主管还可以直接参与接待。针对不同的对象，适当挑选接待人员，有利于更好地为旅游者提供服务。

选定地接导游之后，接团产品运行人员需要向导游员发放导游出团通知书，并告知相关接待事宜：

导游出团通知书

TO：________导游员，特委派你接待团号为________团队，旅游线路________，游览________天，人数________人(其中离退休老人________人，占床儿童________人，不占床儿童________人，婴儿________人)，客源地________，团队性质(□散拼□团队□港澳台游客□________语种游客)，领队________，请于________月________日在________(靠近________标志物)举________旗(或客人姓名)接团：仔细阅读派团单，并提前与司机及领队联系，一经签字，导游将承担由于自身过失造成的团队责任：

(一) 主要游览行程、景点(公司应急电话：________，手机________)：

天　数	主要景点	支　付	现　金	挂　账
1				
午				
晚				
宿				
2				
早				
午				
晚				
宿				
3				
早				
午				
晚				
宿				
4				
早				
午				

① 酒店		
________元/间晚×________间×________晚：________元		
电话	付款方式：□挂账□现付	
________元/间晚×________间×________晚：________元		
电话	付款方式：□挂账□现付	
② 车辆		
正座________，车型________，设施：□空调□话筒□车载电视	合作性质：□挂账□现付	
司机________，车牌________，手机________，租车费________元/辆，合计________元(□全含□净车价)	所属车队：________	

续 表

结算方式:□挂账□现付		
③ 门票	门票 A______元,B______元,C______元	合计金额______元
④用餐	现付______元,挂账______元	合计金额______元
合计支出	团队支出,即①+②+③+④:______元(其中:现金______元,签单______元,共______张)	
购物返还______元,冲账______元,借支 (大写)______,¥______元		
借款人______(凭借单、发票报账),审核______,经理______		
备注	应收团款______元(已收现金______元,支票______元,汇款______元,余款______元)	
本团费用支出______元(已含签单未结金额),保险______元,袋/帽______元,本团毛利______元		

(二) 费用说明(请仔细填写以下内容,并在"□"打"√"):

(三) 备注:此处附游客名单及特别说明

课程思政重点

安全意识

所谓安全意识,就是人们头脑中建立起来的生产必须安全的观念。人们在生产活动中,对各种各样可能对自己或他人造成伤害的外在环境条件的一种戒备和警觉的心理状态。"安全第一"是做好一切工作的试金石,是落实"以人为本"的根本措施。坚持安全第一,就是对国家负责,对企业负责,对人的生命负责。

旅游安全是指旅游活动中各相关主体的一切安全现象的总称。它包括旅游活动各环节的相关现象,也包括旅游活动中涉及的人、设备、环境等相关主体的安全现象,既包括旅游活动中的安全观念、意识培育、思想建设与安全理论等"上层建筑",也包括旅游活动中安全的防控、保障与管理等"物质基础"。没有安全,便没有旅游。旅游安全是旅游业的生命线,是旅游业发

展的基础和保障。

“安全意识”是旅行社接团时的首要意识，这就要求旅行社和具体工作人员，要做好各类旅游安全事故的预防和处理预案工作，在平时要有处理各种突发事件的准备，切实保护游客的人身和财产安全。

在线学习

知识链接　　案例分享　　线上练习

工作评估表

标准＼等级	优　秀	良　好	及　格	不及格
接待计划制订				
询价工作				
报价工作				
产品预订工作				
接待计划的确认				
地接导游的选派				
团队精神				
工作态度				
创新能力				
总体评价				
自我总结				

拓展实践

1. 某旅游团约20人从北京出发将赴杭州、苏州、无锡、南京、上海进行华东五日游，作为接待社工作人员，请编订合理的接待计划，安排旅游线路并计价、报价。

2. 某旅游团40人赴桂林、阳朔进行三日游，在发团前夕，组团社告知桂林地接社，该团队人数变为35人，且推迟一天到达，请问作为桂林地接社的产品运行人员，你将如何处理？

项目三

旅行社其他产品运行

配套微课

除了常规的组团和接团产品运行，部分产品的运行有自己的特点，因此本项目将其单独列出加以具体分析。主要包括以下几个方面：

任务 3.1　自由行产品运行

任务 3.2　会展旅游产品运行

任务 3.3　特殊旅游产品运行

任务 3.1　自由行产品运行

自由行产品的操作除了掌握组团、接团产品运行中的一些要点之外，特别要处理好“机票”和“酒店”的提前预订工作，同时在时间安排上要尽量给游客更多的选择，保证客源的充裕，以此降低产品采购的价格。总体而言，自由行产品计调人员需要遵循以下准则：

关注节假日，机酒早落实；散客拼团走，团队天天有；注重接送车，提供多选择；保证质和量，赢得好口碑。

为了保证自由行产品预订的准确性，旅行社产品运行人员还须向游客出具“确认书”，请游客签字确认，以确保产品的运行。

机票＋酒店自由行确认书

（如因字迹不清，内容不详，请及时回复核实）

TO__________公司__________先生/小姐，您好！

电话：__________传真：__________手机：__________

感谢您的信任与支持，现将您所需的机票/酒店以书面传真形式予以回复，如有不妥之处，请及时来电核查，谢谢！

（一）机票要求

贵处委托我公司代购

________年________月________日由________飞往________机票________张，确认价________元（已含燃油机建费）

________年________月________日由________飞往________机票________张，确认价________元（已含燃油机建费）

________年________月________日由________飞往________机票________张，确认价________元（已含燃油机建费）

（二）机票款结算方式

以双方书面传真确认作为协议合作附件，机票款总额________元，付款方式为________

（三）游客名单确认

序号	中文姓名	英文姓名	年龄	证件号码	备注
1					
2					
3					
4					
5					
6					
7					
8					
9					
10					

（四）酒店要求

贵处委托我处代订________（城市/地区）________酒店，□单人间□双标间□大床间________间，客房要求按________星标准。入住日期：________年________月________日至________年________月________日。（□含早□不含早□儿童无早）

（五）入住方式

□报客人姓名“________”入住　□报“________”入住　□委托________代订入住

酒店名称：____________地理位置：____________酒店总机/前台：____________

由机场/车站乘________________________

（六）房款结算方式

单价________元/间，房款总额________元

全款预付我处□　预付我处定金________元，余款现付酒店前台________元

全款现付酒店前台□

(七) 特别说明

由于该机票属(□低折扣切位 □中途联程 □电子客票 □包机客票)机票,一经开出不得退、转、改、签,并收取综合服务费________元/张。

(八) 游客声明

游客电话:________

本人委托________旅行社代为预订机票/酒店,同意并遵守双方确认的机票/酒店代理内容!如有变动本人愿承担由此引起的损失,特此!

游客签字:________年________月________日

旅行社航服中心

审　核:

联系电话:

日　期:

自由行产品为游客提供了很多的方便,使游客有更多的游览选择。但正因为在目的地的游览基本上是游客自行安排的,游客由于游览经验的缺乏和对目的地的欠了解,在旅游过程中有可能出现一些障碍。作为自由行的组织者,旅行社不但要明确告知航班、酒店等自由行产品的使用事项,同时出于提升企业美誉度的考虑,也需要告知游客游览过程中的注意事项。

以香港自由行为例,在游客赴港前,旅行社可以出具《香港自由行注意事项说明》以帮助游客应对有可能产生的旅游问题。

香港自由行注意事项

自由行所订机票和房均为特价,不能退款,不能改期和改名,只适用于中国大陆客人,持除中国大陆有效证件以外的客人另议。

客人港澳通行证和签注自理,个人签注(G)才能适用。

客人如需搭乘巴士请自行到香港机场入境大堂B13柜台(B出口对面)活力快线公司(VIGOR)办理手续,需要提交乘车单并报名搭乘巴士,如不乘坐视同自动放弃。

如回程搭乘巴士,需在所住酒店乘车,请在抵达时在机场B13柜台预约,如不预约或不乘坐视同自动放弃。

入住龙堡酒店需向酒店总台报姓名,凭通行证登记入住。

请客人必须在往返机票航班起飞时间以前两小时抵达机场办理有关登机手续,如迟到出现误机情况,责任自负。

往返机票请联系领队换登机牌,领队:杨××　电话:139××6××××0

以上各项请认真阅读,否则责任自负。

××旅行社自由行部

任务 3.2 会展旅游产品运行

会展是一种多功能的接待项目，既有会前的准备，又涉及会展的布置和会后的旅游。而且，此类产品的旅游功能往往是附属的，策划、安排商务会议、会展是此类产品运行的核心。因此，工作计划以及策划工作的准备一定要明晰合理，并具有特色，根据会展的主体打造精致、周到且有创意的会展产品。

此类产品的运行需要注意以下几点：

1. 把握会展主题。根据不同的主题制订工作计划，并科学实施。

2. 落实会场。会展活动的开展一般都需要会场提供会议的场所、设施设备和服务人员，因此，会展产品运行人员需要根据会展要求与会场提供方做好联络和产品预订工作。

3. 现场服务。在会展召开的过程中，会展产品运行人员应全程监控，督促相关工作人员提供细心、周到的服务。

4. 短距离旅游。正式的会展活动进行之后，主办方有时会邀请与会人员参加短距离的旅游，以缓解疲劳，增加感情。会展产品运行人员须根据主办方的要求，提供合适的旅游产品。

5. 在会展产品初步设定成型后，旅行社产品运行人员还需要向主办单位出具《会展会务安排策划单》，与主办方商定接待事宜。在确认无误后，要求主办方负责人签字，以明确双方责任。

从工作流程的角度而言，会展产品运行可以分为会前策划、会场布置、会期服务、会后考察及会后总结几个阶段。

（一）会前策划

1. 服务沟通

首先进行会展服务沟通，增进彼此了解，按客户要求提供参展期间的服务，并根据展会的特定条件提供相应的建议，确认合作意向。

2. 服务安排

按客户参展要求，在会议期间提供布置、茶水、音响、投影、会场、笔纸、文案、横幅等，也可按客户要求提供特定的会展安排。

3. 服务意向方案回馈客户

双方就服务方案进行细化调整，并形成最终服务方案。

4. 服务内容确定

按双方最终确定的服务要求和内容进行落实，明确负责人。

5. 其他补充内容

如需补充其他服务内容，建议在协议中落实或在会议结束后重新达成协议。

(二) 会场布置

1. 布置沟通

首先进行会展布置沟通，按客户及会展要求提供布置方案，并根据会展的实际情况，确认实际布置方案。

2. 布置工作

按双方确认的要求将会展工作布置完毕并由客户审定。

3. 布置期间反馈

会展期间如临时增添的内容与修改方案需由客户签字认同。

4. 布置工作补充协议签订

凡客户校稿后临时增添的确认内容，应标注增加的价格。

(三) 会期服务

1. 策划沟通

首先进行会展策划沟通，增进彼此了解，按客户要求提供参展方案，综合分析会展利弊，确认合作意向。

2. 策划创意设计

按客户要求由设计师构思出设计方案，提供给客户模拟效果图。

3. 策划方案反馈客户

双方就设计方案进行细化调整，并形成最终会展方案。

4. 策划协议签订

客户校稿后确认报价，甲乙双方就付款方式进行签约，明确负责人。

5. 会议布展及会展服务

按确认要求进行会议布展(或在展馆规定时间进场搭建，绝不延误会议开展，并在会议期间安排会议服务)。

6. 会展撤展

在会议结束规定时间内进行撤展，真正做到人走场地清。

(四) 会后考察

1. 考察沟通

首先就会后考察内容与客户进行沟通，并按客户要求的天数、标准进行策划，提供一份旅游考察内容，作为会后考察的依据，形成确认意向。

2. 考察线路设计

由旅游专家根据当地旅游资源设计多条旅游线路供客户参考。

3. 考察线路报价方案反馈客户

双方就策划的会后考察线路进行细化调整，最终确定线路及价格方案。

4. 考察协议签订

客户确认报价后就付款方式进行签约，明确双方的责任。

5. 考察线路的具体落实

按确认的线路进行车辆、酒店、导游、餐饮、门票及其他事项的落实，明确上车地点、开车时间、考察标志及纪念品。

6. 考察线路反馈

在旅游考察返回住地结束后及时跟踪接待质量加以点评。

（五）会后总结

1. 总结沟通

首先，根据会展策划、布置的工作情况做个总结沟通，增进彼此了解，并对此次参展工作进行总结，以便为今后参展工作提供宝贵经验。

2. 会展资料保存备案

将成功的会展方案及资料保存，以供其他客户参展参考。

3. 总结与修改建议

将会展期间发生的不足部分及需修改的内容进行合理改进。

4. 其他

将所有客户校稿后确认的报价以及最终形成的文案汇编成册。

以下的《会展会务安排策划单》可供旅行社工作人员参考：

会展会务安排策划单

TO：________公司________先生/小姐________

TEL：________FAX：________

E-mail：________

感谢贵公司对我们的信任与支持！现将贵公司所需会展会务的策划安排 FAX 于贵方，如有疑义敬请来电，以便我方及时调整。

(一) 会展会务日程安排

第一天：	住宿：
第二天：	住宿：
第三天：	住宿：
第四天：	住宿：
第五天：	住宿：

(二) 会展会务接待标准

会展会议布置：
住宿接待标准：
会议用餐标准：
会议用车标准：
会后旅游安排：

(三) 其他延伸服务项目

略

(四) 费用结算方式

略

任务 3.3 特殊旅游产品运行

特殊旅游产品是指旅行社针对特殊的消费群体或者有特殊要求的旅游者打造、运行的旅行社产品。老年团、研学团和拓展训练团是旅行社接触较多的三类特殊旅游产品。

一、老年团

老年团产品运行工作需要把握老年人的生理、心理特征，满足老年人的特殊旅游要求。具体而言就是要做到以下的“四十字法则”：行程舒适，节奏缓慢，饮食健康，住宿干净，讲解热情，购物理性，语气中肯，服务体贴，护理及时，保证安全。

老年团的运行永远要将安全问题放在首位。导游人员须随时做好清点人数，提醒安全的工作。老年团还可以配备随团医师，以防止老年人突发疾病，还应避免安排有危险性的旅游活动。

二、拓展训练团

拓展训练是现代企业为增强员工凝聚力，加强团队合作能力而组织的短期旅游活动。旅行社在进行此类产品运行的时候，需要了解主办单位的意图，多安排一些团队活动，为员工的交流、合作提供机会。同时，拓展训练团的产品运行人员还需要了解一些国内外企业拓展训练的方式方法，设计合理、科学的活动，以帮助主办企业达成训练目的，注重旅游过程的安全性和寓教于乐性。

三、研学团

研学团的运行，计调人员首要关注的应该是安全问题。计调人员需要与学校、老师充分交流，制订周密的旅游计划，督促导游人员做好安全提示和清点人数的工作。由于研学团一般都是人数较多的大团，因此计调人员还需要安排足够的车辆，科学预订住宿、餐饮产品。

特殊旅游产品的运行需要导游人员了解团队要求，遵循旅行社规定，做好一系列特殊的服务工作。因此，产品运行人员应根据团队性质和要求科学选择导游员，并详细告知导游工作的注意事项。

以研学团为例，导游出团单可以设计如下，以强调安全、用车等事宜。

研学团队派遣单

（请带队导游注意安全，细心负责）

团号________，游览线路________，游览日期________，学生人数________人，带队老师________人。

集中时间________，地点________（靠近________），返回时间________。

游程安排（应急电话________）

<table>
<tr><td colspan="2">游览内容</td></tr>
<tr><td>……</td><td>认真看清游览景点与接待标准，
提前熟悉景点内容，以免被动。</td></tr>
<tr><td colspan="2">带团警示</td></tr>
<tr><td colspan="2">1. 带团时必须提前 30 分钟以上到达集合地点，并与学校带队老师协同好游览日程及顺序。
2. 核准带班老师的实际学生人数，建议高年级与低年级学生拼车并记录每辆车载学生与老师的准确人数，以免购票结账时产生不必要的损失。
3. 提前将车辆编号贴在每辆车左前方挡风玻璃上，并将所有司机集中，告之具体行车路线与集中地点，记录司机的手机号。
4. 带团导游必须热情、细心、耐心、爱心，注意礼仪、语速，老师尤其看重这一细节。
5. 乘车时要配合老师安排车辆，最后一个上车，并让位给老师，检查学生的头、手切莫伸出窗外。
6. 通道车注意车辆中间，以免车辆转弯时挤伤学生。
7. 游览前要讲清上下车地点、游览时间、游览景点顺序。</td></tr>
</table>

续 表

带团警示
8. 游览时注意行为规范，特别关注景区湖边、厕所以及危险地带，杜绝学生做危险动作，如划船、蹦跳、攀岩等。 9. 当车辆安全停稳后，必须第一个下车，过马路时做好安全指挥。 10. 游览结束时应当着学生面致谢学校老师，并让老师做出此处活动的评语。 11. 如遇司机刁难，应及时打电话回公司，切莫当着学校面与其发生争执。

团队反馈(请打“√”，并简要说明)

车辆评语：□车况好	□车况一般	□车况差	□其中 ______ ______ ______
司机评语：□热情	□冷漠刁难	□迟到______分钟	□其中 ______ ______ ______
带团总评：□一般	□学校满意	□不满意	□其中 ______ ______ ______

课程思政重点

以人为本

以人为本，体现了中国共产党全心全意为人民服务的根本宗旨。从旅游业的角度而言，“以人为本”首先把旅游作为人的全面发展的重要一翼，以满足人的发展需求，尤其是精神层面的需求为核心价值追求。这种以人为本的发展目标必须以人为出发点和落脚点。必须提供在文化视域中，发挥想象力，超越现实困惑，体验自然之美，提升人生境界，实现可持续发展的可能性。

旅行社产品的以人为本是指在旅游设计中以旅游者的利益、企业的利益、旅游地居民的利益、旅游从业者的利益为根本，不仅使旅游者得到物质上和精神上的满足，也是旅游从业者得到应有的经济回报、劳动尊严和价值的认可，还使旅游地居民从旅游发展中得到物质上的富足与精神上的享受。这就要求把旅游产品的设计置于文化视域中进行，以科学、规范、可持续、可行的旅游设计为旅游利益相关者提供文化可持续的发展空间。在旅游中构建以人为本的和谐关系真正体现旅游的人文本质，实现旅游的可持续发展。

旅行社接待服务的开展过程中，也要体现“以人为本”，无论接待老年团、研学团还是其他类型的特殊团队，都需要站在不同人群需求的角度，切身处地想游客之所想，急游客之所急，以周到体贴的服务提升旅游者的满意度。

在线学习

关键词点击　　知识链接　　案例分享　　线上练习

工作评估表

标准 \ 等级	优　秀	良　好	及　格	不及格
自由行产品运行				
会展产品运行				
老年团队运行				
研学团队运行				
拓展训练型产品运行				
团队精神				
工作态度				
创新能力				
总体评价				
自我总结				

拓展实践

1. 对于一个即将进行“火车西藏游”的老年团队，作为旅行社产品运行人员，你需要做好哪些游前、游中、游后的服务工作？

2. 某游客一家三口将赴海南进行为期五天四晚的海南自由行，旅行社已经为其预订了往返机票(含机建、燃油)，四晚的含早餐标准间，免费赠送美容下午茶和双人香薰SPA，并建议游客进行呀诺达雨林和南田温泉的游览活动，同时可以提供自由选择的自费机场及景区接送巴士，请按照以上要求撰写发放给游客《出团通知书》，告知相关事宜。

项目四

旅行社产品质量监控及后续服务

配套微课

发团后，组团社和地接社都需要时刻关注、监控团队服务质量，及时发现和处理运行过程中出现的状况；团队结束后需处理报账、游客表扬和投诉等其他问题。具体包括以下任务：

任务 4.1　旅游产品质量监控

任务 4.2　财务结算

任务 4.3　投诉处理

任务 4.4　其他事项处理

任务 4.1　旅游产品质量监控

一、组团社对产品质量的监控

组团社的发团管理，从与旅游团队签订旅游合同生效时开始，贯穿旅游团队旅游活动的始终，尤其是在发团以后，这种管理尤为重要。

1. 组团社要监督接团社按照合同要求提供相应的服务，维持游客和本社的利益。组团社要与旅游团队导游人员保持密切联系，及时获得团队的有关信息。掌握旅游团队在整个旅游线路中所涉及的接待单位（饭店、餐厅、车队、船队、景点等）的联系方式、负责人以及所在的地点。

2. 处理突发事件。如果遇到突发事件，组团社要负责协调各个方面的关系，及时排除困难因素，确保旅游活动的顺利进行；若碰到由于天气等不可预见因素而导致旅游活动的中断或旅游线路的更改，组团社要与接团社配合做好游客的思想工作，并按有关规定及时处理理赔事宜，避免事态的扩大、扩散。

二、接团社对产品质量的监控

接团阶段是旅行社接团管理工作中最重要的部分，由于导游人员独自在外带团，流动作业，接待部门往往很难对接团质量加以有效控制，而一些问题与事故的发生也往往发生于这一阶段。所以接团阶段的管理，是整个接团管理中最困难的一部分。旅行社接待部门应重视加强对这一阶段的管理。其主要内容包括：

1. 建立请示汇报制度，抽查或检查接团工作的落实情况。接团工作独立性强，后勤人员特别是导游人员，应具有较高的独立工作能力与应变能力。接团人员尤其对业务不够熟悉的新导游，在遇到计划变更和发生事故等情况时，要及时向旅行社请示汇报，使问题得到及时、正确的处理。旅行社要制定合适的请示汇报制度，既给接待人员以一定的权力，保证工作及时完成，又要有一定的限制，以免由于个人能力所限而造成处理不当。

2. 抽查监督接待计划的落实情况。旅行社管理人员可以随时与接团人员或者相关商场、饭店联系，了解检查接团工作的进展情况，以保证服务质量。还可亲自到旅游景点或饭店等地检查导游人员的接团情况，向旅游者了解接团质量与计划的安排，以获取各种反馈信息。这种方法可直接、快速地了解接团按计划的落实情况，有利于改进接团服务质量。

3. 及时处理出现的问题和事故。接团过程中，由于种种原因，常常会出现一些责任性或非责任性事故，如漏接、错接、误机、旅游者丢失证件、财物、走失或患病、死亡等。旅行社一方面要制定标准化服务规定，避免事故发生；另一方面，事故发生后要帮助接团人员处理这些问题，涉及计划变更的，旅行社要做好退订，办理分离签证等手续，并及时通知下一站接待社，以维护旅游者利益，尽可能减少损失。

任务 4.2　财务结算

旅行社的团款结算主要有两方面：一是对游客的团款结算，二是组团社与地接社的团款结算。对游客，主要是根据双方协商后采取预付团款的形式，先支付部分团款，余款一般采取团队活动顺利结束后一次性付清。因此，绝大多数时候组团社都需要先垫付部分团款，否则当游客在出游前未按照合同规定付足预付款或预付款过低时，组团社会很被动。因此，旅行社一般在和游客商谈的过程中，就提前算好需要多少成本，要制定合理的预付款的金额，同时在做财务预算时考虑到可能变化的因素，以便多做准备。组团产品操作结束后，各地地接社除个别团款现付外都会很快传来团队收款账单，组团产品运行人员应该根据计划认真审核，实事求是，纠正差错，并请财务按协议准时付款。

组团产品运行人员还应该填写好《团队（散客）款项收支明细表》，以便做好财务统计和档案汇总工作。

团队（散客）款项收支明细表

团号：________线路：________人数：________（其中占床儿童________人，不占床儿童________人，婴儿________人）

团队(散客)收支明细			
游客来源:门市散客________人,独立团________人,同业散拼________人,其他________人 团款情况:应收________元,已收________元,尚欠________元,其他________元 游客单位:________,领队/经理:________电话:________ 团款来源:□门市现付 □汇款 □转账支票 □其他方式________ 特别说明:______________________________			
本人将已收到的团款总额________元存入公司账号,尚有余额________元未结,由业务主管________负责追收余款。 收款人:________日期:________			
团队预支费用	往返交通(含区间交通): 机票总额________元,火车票总额________元,车票总额________元,其他________元 团队接待费用:________元(已含酒店________元,门票________元,餐费________元,车费________元) 其他费用:保险________元,帽________元,包(袋)________元,导游备用款________元 本团累计支出费用:________元(签单________张,________元) 申请人:________主管:________审核:________		
收款单位:	开户行:	账号:	电话:
收款单位:	开户行:	账号:	电话:
收款单位:	开户行:	账号:	电话:
收款人:	银行:	卡号:	电话:
收款人:	银行:	卡号:	电话:
			年 月 日

备注(可附填游客姓名):

任务 4.3 投诉处理

旅行社管理者能否妥善地处理旅游投诉，反映了其管理水平的高低。具有较高管理水平的旅行社管理者通常能够在处理旅游投诉的过程中，既平息了旅游者的怨气，消除了他们对旅行社的不满，又能够转变旅游者对旅行社的看法，赢得旅游者的信赖，使坏事变成好事。相反，如果旅行社管理者对旅游投诉处理不当，很可能会激化矛盾，使旅游者更加不信任旅行社，甚至会向旅游行政管理部门提出投诉，或向司法部门提出民事起诉，给旅行社的声誉带来严重的不良影响，甚至带来经济负担。作为旅行社的管理者必须认识到：旅游者向旅行社提出投诉，说明旅游者还信任旅行社，认为旅行社可以弥补他受到的损失和不公平的待遇，这是改善旅游者印象，改善和旅游者之间的关系，加强与旅游者之间沟通的一个大好机会。因此，旅行社管理者必须重视对旅游投诉方法和技巧的运用，以便达到减少或消除旅游者的不满，维护旅行社在市场上良好形象的目的。

虽然不同的旅游者投诉的内容各不相同，不同旅行社在处理旅游投诉时所采取的方法和技巧也不尽相同。但一般情况下，可以按下列步骤处理旅游投诉。

一、高度重视

无论旅游者提出什么样的投诉内容，问题或大或小，都应该让旅游者感到企业对此有着足够的重视。有一些旅游者提出的投诉是出于为旅行社今后发展着想的角度，就更要予以重视，不要让旅游者感到被忽视。

二、认真倾听

旅游投诉分书面投诉和口头投诉两种形式。旅行社管理者在接到旅游者的书面投诉时，应仔细阅读其来信，总结出投诉的要点。在接待提出口头投诉的旅游者时，管理者应耐心倾听旅游者讲述的意见。倾听旅游者投诉时，应做到：

1. 态度端正

旅行社管理者在倾听投诉时应态度严肃，给旅游者一种认真对待其投诉的印象，不能使投诉者误认为管理者没有把他的意见放在心上，漫不经心或产生被嘲笑、被讽刺的感觉。

2. 头脑冷静

管理者在接待旅游者投诉时必须保持冷静的头脑，不管旅游者的态度如何激烈，都不得同其争吵或对其进行指责。

3. 仔细倾听

旅行社管理者在倾听旅游者投诉时不应打断旅游者的叙述，无论旅游者的投诉理由是否正当，都必须让他把话讲完，必要时还要引导他将埋藏在内心的怨气和不满全部发泄出来。

三、调查事实

旅行社管理者在倾听旅游者的投诉后，应首先表示对其遭遇的同情，使旅游者感到管理者通情达理，愿意解决其所投诉的问题，得到心理上的安慰。然后，管理者应就旅游者投诉中尚未讲清楚的关键情节进行询问，以便了解旅游者投诉的事实。最后，管理者应就旅游者能够坦诚地向旅行社反映情况表示感谢，指出这是对旅行社的信任和爱护，承诺尽快对旅游者所提出投诉的事实进行调查和处理，并将结果反馈给旅游者。接下来，旅行社管理者应该立即着手对旅游者投诉涉及的人员和事情经过进行调查核实：在弄清事实的基础上，采取适当的方法进行处理。

四、妥善处理

旅行社管理者在对旅游者投诉的事实调查清楚的基础上，应根据具体情况对旅游投诉进行妥善处理。对于涉及旅行社员工的投诉，如果经过调查，发现旅游者的投诉与事实相符，应立即采取适当的措施，按照旅行社的有关制度和规定对当事人进行批评教育；情节严重并造成严重影响或经济损失的，还应根据错误的严重性和造成的后果给予扣发奖金、暂停接待工作、赔偿经济损失、通报批评、行政记过、留社察看、解聘或开除等处分。

对于涉及其他旅游服务供应部门或企业的投诉，经过调查证明确属该部门或企业责任的，则应通过适当渠道向该部门或企业反映。如果发现该部门或企业屡次出现旅游者因同类情况进行投诉，旅行社则应减少直至停止与其合作，不再采购其服务或其他旅游产品。

五、迅速答复

旅行社管理者在完成对旅游投诉的处理之后，应及时将处理结果以口头或书面形式通知旅游者。在答复时应诚恳地向旅游者表示歉意，希望能够得到其谅解，并愿意继续为其提供优质服务。如果处理结果涉及经济赔偿，旅行社还应征求旅游者的意见，以适当的渠道和方式进行赔偿。如果经过调查发现旅游者的投诉与事实出入较大，属于旅游者的误会，旅行社管理者则应向旅游者做实事求是的解释，并欢迎其在今后继续关心和监督旅行社的服务质量。

旅游投诉得到妥善处理后，旅行社管理者应将旅游者投诉的原因和处理结果向旅行社的有关部门和人员公布，以提高员工们对服务质量重要性的认识。同时，管理者还应根据旅游者的投诉，对出现问题的地方进行检查，以提高服务质量。

六、记录存档

旅行社应将旅游投诉的内容和处理经过做详细真实的记录，并存入档案以备将来必要时核对。投诉如果不及时处理，就会危及企业的成长与发展，所以投诉就是为企业敲响的警钟。关于投诉的记录就是旅游企业改进服务，提高服务质量，教育员工的最直观、最重要的素材。

七、积极改进

引起旅游者投诉的地方，一般都是旅行社管理相对薄弱的环节，旅行社应对旅游者投诉的各有关方面进行积极的改进。

任务 4.4 其他事项处理

其他事项的处理，主要是对接团的经验和教训加以总结，以提高工作效率和服务水平。

一、建立健全接团总结制度

为了提高今后的服务质量，旅行社应建立完善的接团总结制度，如要求导游人员写出接团工作汇报，内容包括团队基本情况、旅游者特点及表现，接团中发生问题的原因及处理，工作中的收获与经验教训，留有什么有待解决的问题等。发生重大事故，要将有关事故的全部调查材料及善后处理措施、意见等整理成文并存档，以备查询。接团管理人员还应对陪同日志和“接待记录表”进行抽查，及时了解接待情况，以便发现问题，采取补救措施。

旅行社旅游团陪同接待记录表

城市		旅游团名称		总编号	来自国家（地区）
旅游团人数	成人		儿童		
2 周岁以下					
2—11 周岁					
旅游团住宿					
饭店					
间数		其中			
单人	双人	三人	其他		
全部情况	所属社		住房		
旅游团抵达	月 日 时 分 用餐，乘坐 次机/车/船抵达				

续 表

旅游团离开	月 日 时 分 用餐，乘坐 次机/车/船赴				
主要活动项目					
行程变更情况					
原计划					
变更	人数				
	时间				
	饭店				
备注					

地陪： 全陪： 年 月 日

二、及时收集反馈信息

旅行社可分发给导游人员“接待质量调查”，请游客填写，收集游客对接待服务中行、游、住、食等活动的意见和建议，了解旅游者对服务质量的直接感受及旅游需求，对旅行社制订的计划及服务水平加以改进。

旅行社接待质量调查表

姓名		国籍(地区)	
性别	男、女	年龄	① 20岁以下 ② 21—35岁 ③ 36—50岁 ④ 51—66岁 ⑤ 66岁以上
旅游目的	① 观光 ② 公务与会议 ③ 休闲度假 ④ 探亲访友 ⑤ 奖励 ⑥ 修养 ⑦ 体育 ⑧ 探险		

	您对下榻饭店的评价			您对旅游车司机的评价			您对导游人员的评价		
	餐饮	客房	服务	服务态度	开车技术	车内卫生	态度	语言	技能
好									
中									
差									
其他意见：									

三、处理旅游者的表扬与投诉

表扬，是旅游者对接待人员工作的肯定，旅行社可以对优秀接待人员及其事迹进行宣传，在工作人员中树立榜样，促进人员素质的提高。投诉，则是游客对服务质量表示的不满，正确处理投诉，不仅可以补救工作失误，取得游客谅解，而且可以教育工作人员。对犯有严重错误的导游人员，旅行社还要做出必要的处罚。

旅行社接团工作涉及的范围非常广泛，不仅要依靠内部接团人员，还需要交通、餐饮、景点乃至保险公司、海关等其他单位的合作。这些单位共同构建了旅游接待的网络，是整个旅游接团服务中不可或缺的组成部分。

课程思政重点

质量为先

服务质量是指服务能够满足规定和潜在需求的特征和特性的总和，是指服务工作能够满足被服务者需求的程度。旅行社服务质量是旅行社为使目标顾客满意而提供的服务水平，也是旅行社保持这一预定服务水平的连贯性程度。旅行社质量的监控就是为了保证各项服务“质量”的水平。

《文化和旅游部关于实施旅游服务质量提升计划的指导意见》中对旅行社服务质量的提升明确提出以下要求：

旅行社是整合旅游要素的龙头企业，也是服务质量问题比较集中的领域。要针对旅行社服务不规范、不透明、不诚信等重点问题，不断提高服务水平。

政府行动：

1. 完善旅行社退出机制，依法依规清理一批不缴纳旅行社质量保证金、长期未经营业务和违法违规的旅行社。

2. 全面开展旅行社等级评定及复核行动，进一步提高旅行社管理水平和综合竞争力。

3. 规范旅行社经营活动，推动服务信息透明化，防范旅行社领域系统性经营风险。

4. 探索建立优质旅游服务承诺标识和管理制度，建立完善优质旅游服务品牌培育、评价和推广机制，积极参与“中国品牌日”活动。

市场主体和行业组织行动：

1. 旅行社要完善内部管理、人员培训制度，不断规范服务流程，对照《旅行社等级的划分与评定》标准，全面提高服务水平。

2. 各级旅行社协会要加强旅行社行业自律，通过开展旅游线路创意设计大赛、旅行社服务技能大赛等方式，推动旅行社增强新产品研发能力，提升旅游综合服务技能。

可见要推进旅游业供给侧结构性改革、促进旅游消费升级、满足人民群众多层次旅游消费需求，提升旅行社服务质量至为关键。旅行社工作要以游客体验为中心，以提高游客满意度为目标，一手抓服务质量监管不放松，一手抓优质服务促进不动摇，补短板与锻长板并举，找准差距、精准施策，挖掘潜力、拓展空间，以高质量旅游服务供给引领和创造新需求，打造竞争新优势，让广大游客有更多获得感、幸福感、安全感，从而提升企业的生命力和发展新活力。

在线学习

关键词点击　　知识链接　　案例分享　　线上练习

工作评估表

等级 标准	优秀	良好	及格	不及格
质量监控完善				
财务结算及时、准确				
旅游投诉处理得当				
其他事项处理恰当				
调研报告的规范性				
团队精神				
工作态度				
创新能力				

续 表

等级 标准	优 秀	良 好	及 格	不及格
总体评价				
自我总结				

拓展实践

某旅行社组织了海南五日游的线路，游客返回后，旅行社计划以邮件的方式对旅游者进行初次问候：感谢旅游者参加本旅行社的线路，征求旅游者对本次行程的意见，并欲与旅游者建立长期联系。请你以旅行社的名义，拟定一封初次问候的邮件。

主要参考文献

1. 魏敏.旅游市场营销[M].长沙：中南大学出版社，2005.
2. 孔辉，曹景洲.旅游计调概论[M].北京：中国旅游出版社，2013.
3. 周晓梅.计调部操作实务[M].北京：旅游教育出版社，2006.
4. 崔卫华.现代旅行社实务[M].沈阳，辽宁科学技术出版社，2000.